仕事で疲れた心がすっと軽くなる

# 「頭の中のひとりごと」言いかえ図鑑

片田智也
Katada Tomoya
川見敦子
Kawami Atsuko

ぱる出版

# はじめに

こんにちは。感情マネージメント協会の片田智也です。

公認心理師としてカウンセラーの仕事をしながら、企業研修や講演の講師をしています。

これまで相談を受けた方の数は延べ1万5000名以上。

現在は一般社団法人感情マネージメント協会の代表理事として、「感情コントロール」に代わる「感情マネージメント」という考え方の普及活動をしています。


仕事中、頭の中にこんな言葉が浮かんできたことはありませんか？

「あんなこと言わなければよかったな」「こんな仕事やっても意味ないのに」「また失敗してしまった」「何をしたってどうせうまくいかない」「あの人ちょっとおかしいんじゃない？」「あ〜終わった、人生もう詰んだ……」。私たちは日々、無意識のうちにこういった**「頭の中のひとりごと」をつぶやきながら過ごしています。**


一説によると、**その数なんと1日4〜6万回。単純計算するとおよそ2秒に1回、起き**

**ている間ずっと、こうした「自分との対話」をしている**ことになります。

それがポジティブで前向きな内容なら、気持ちが明るくなって心も軽やかになるでしょう。逆に、もしそれがネガティブなものならどうなるでしょうか？

後ろ向きで否定的な発言ばかりする人と、1日中話しているのを想像してください。気分が滅入って、心が重苦しくなってしまうのもムリはありません。

では「心が軽くなるひとりごと」と「心が重くなるひとりごと」、どちらの方が多いかというと、残念ながら、**たいていの人は後者の方が多い**でしょう。なぜかというと、**私たちの心は「リスクを大げさに見積もるクセ」があるから**です。

自分にとって不都合なことが起きると、人は「危険を回避しなくては」と精神的なモードが切り替わり、一時的に「考えの視野」がぐっと狭くなります。

たとえば、「10」の視野から見れば「1」の問題は小さなものに思えますが、視野が「3」しかない場合、同じ問題であっても主観的な大きさは3倍。客観的にはささいなことでも、視野が狭いときほど頭の中で「大きく感じてしまう」のです。

同僚や友人の悩みを聞いて「簡単に解決できるのに」と思ったことはありませんか？本人にとっては「どうにもならない」と絶望的に感じる状況でも、はたから見たら「大丈夫でしょ」「こうすればいい」と軽く思えてしまうことはよくあります。

他人の悩みには「当事者としての感情」がないため、視野が狭くなることもありません。冷静に考えられる分、解決までの道筋も見えやすいのです。

逆を言えば、当事者の立場でありながら、感情を抑えて客観的に捉えるのは誰にとっても至難の業。**自分でも気づかないうちに実際より物事を大きく捉えてしまい、「後ろ向きな対話」によって心をさらに重くしている人は少なくない**でしょう。

そういう私自身、「心が重くなるひとりごと」ばかりの時期がありました。

実は、私はあまり目が見えていません。緑内障という目の病気による中途の視覚障害を持っています。緑内障とは目の見える範囲、実際の視野が狭くなる恐ろしい病気。右目はほとんど失明し、左目も矯正して0・08程度の視力しかありません。

不便なことや1人ではできないことが増えた分、当時の私はとにかく不安で自信がなく、ちょっとしたことで動揺するような不安定な精神状態。当然、「考えの視野」も狭くなるため、どうしても深刻に考えてしまうことが多かったのです。

「またうまくできなかったらどうしよう？」「自分はなんてダメなんだ」「何をやってもどうせ報われない」。「頭の中のひとりごと」もネガティブ、かつ後ろ向きなものばかり。いつも精神的に疲弊し、何をしても心が重い状態が続いていました。

抜け出すきっかけになったのは、ある哲学の本にあったこの文章です。

**「病気は体の働きを妨げるが、意志の働きを妨げることはない」**。

なるほど、視覚障害によって「見る」という働きが妨げられるのは確か。そこはどうしようもありませんが、そのことについて私がどう思うか、どう認識するか？ つまり「意志の働き」が妨げられているわけではありません。**目の視野が狭いのはしょうがないとしても、「考えの視野」まで狭める必要はない**ということでしょう。

悪いことが起きたからといって、そこに「悪い考え」を重ねていては、二重の意味でしんどくなってしまいます。それでは心が重くなるのは当然でしょう。

**物事そのものは変えられなくても、「その物事についての考え」は自分次第。**

そのことがわかるようになってからは、「せめて自分の考えはよいものにしよう」と「頭の中のひとりごと」に注意を向けるようになりました。

必要以上に深刻に考えなければ、その分、客観的で冷静な視点も戻ってきます。それから十数年経って、目が見えづらいこと自体は何も変わっていませんが、それについて悩んだり嘆いたり、心が重くなるようなことはほとんどありません。

**口に出すかどうかにかかわらず、言葉というのは諸刃の剣**です。

よくない物事があって沈んでいるところに、「最悪だ」「終わった」などとネガティブなひとりごとで追い打ちをかけるのは、傷口に塩を塗るようなもの。

仕事をしていればつらいこと、しんどいことは必ず起きます。問題や面倒ごとをゼロに

はじめに

することはできませんが、そういった物事をどう思うか、どう認識するか？「頭の中のひとりごと」であればあなた自身が決められます。自覚なく物事を大きく捉えていないか？頭に浮かんだ言葉を客観的に見直す習慣を持つようにしてください。

本書では、つい言いがちな「心が重くなるひとりごと」を「すっと軽くなるひとりごと」に言いかえるパターンを81例、掲載しています。第1章、第2章は主に当協会の理事、精神保健福祉士の川見敦子さんが、それ以降は私、片田が執筆しました。

「人間関係」「ストレス」「コミュニケーション」「失敗が怖い」「メンタルが不安定」「逆境や困難」といった、仕事でよくある状況ごとに紹介していきます。気になる項目から読んでも、しんどくなったときにパラパラめくるだけでも大丈夫です。狭くなってしまった「考えの視野」を戻すためのハンドブックとして活用してください。

本書によって、仕事で疲れた心が少しでも軽くなることを願っています。

片田智也

仕事で疲れた心がすっと軽くなる「頭の中のひとりごと」言いかえ図鑑

part 1

# 人間関係で心がしんどい

part 2

# ストレスや面倒ごとで疲弊

part 3

# コミュニケーションが疲れる

part 4

# 失敗が怖くて挑戦できない

part 5

# メンタルがちょっと不安定

## part 6

# 逆境や困難にも負けない




●ブックデザイン・DTP　吉崎広明（ベルソグラフィック）
●イラスト　にしだきょうこ（ベルソグラフィック）
●企画協力　ネクストサービス株式会社（代表 松尾昭仁）
●編集　岩川実加

# 心がしんどい

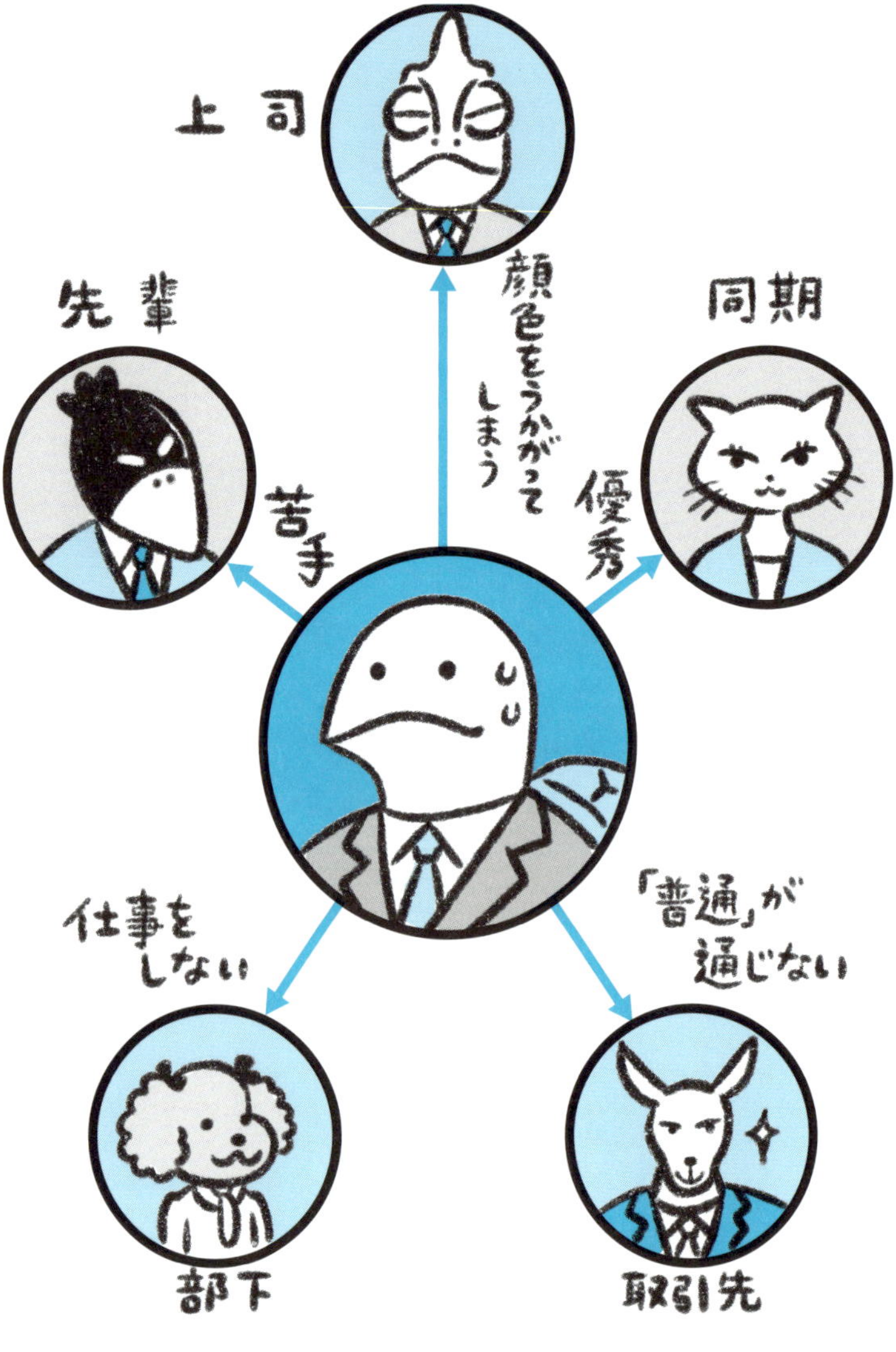

# part 1 人間関係で

心理学者のアルフレッド・アドラーは「あらゆる悩みは人間関係の悩みである」と言っています。実際、職場のお悩みを聞いているとほとんどは人間関係。「仕事の悩み」という切り出しであっても上司の機嫌に振り回されていたり、できる同僚と比べてしまったり、結局は悩みの多くが「誰かとの関係」に還元されるのです。

人間関係の難しさはもちろん他人が絡むことにあります。あなた1人が頑張ってもどうにもならないこともありますし、どんなに考えても他人の内面というのはわからないもの。あなたにとって理解しかねる言動や行動をする人もいれば、なぜかそっけない態度を取る人もいるかもしれません。「価値観や考え方は人それぞれ」と言うのは簡単ですが、そうわかっていてもすんなり納得できない場面もあるでしょう。

人間関係で心を疲れさせないために大切なのは、他人の内面についてのめり込まないようにすること。人が何を考えているかは実際、どうやってもわかりませんし、もしわかったとしても、無理やり考えを変えさせることはできません。それをしようとするから悩みが増えるのです。あれこれ気持ちを向けていると、相手の考えを邪推して1人で疲れてしまうでしょう。どんな職場であっても人間関係の問題はついて回ります。他人を思い通りにコントロールすることはできませんが、「他人に対する思い」であれば自分次第。心がしんどくならないための言いかえパターンを身につけてください。

# 1

## 周囲の評価が気になる

×心が重くなるひとりごと

**どう思われているんだろう？**

○すっと軽くなるひとりごと

**気にしたところで変わらない**

どんなに気にしても
周囲からの評価は上がらない

職場では毎日いろんな人とのやり取りが生まれます。上司や先輩、後輩、他部署の人、取引先、すれ違った出入りの業者さん……。**ふと周りからの評価が気になってしまう瞬間はあるもの**です。そんなとき、頭の中でこうつぶやいていませんか?「私って皆からどう思われているのかな……?」。一緒に働く人からはなるべくよい評価をもらいたい。そう思うのは人として当然の心理です。決しておかしなことではありません。

とはいえ、相手の心を読み取る魔法はないのです。どんなに考えても他人の思いというのはわかりません。わからないものをあれこれ考えていれば、心がもやもやしてきます。それどころか、失敗やミスといった「過去にやってしまった案件」を思い出して、「よく思われてないかも……」などと勝手な想像を膨らませていないでしょうか? **どう思われているかを気にし始めると、どんどん気分が重くなってしまう**でしょう。

安心してください。人からの評価というのは、考えても考えなくても変わらないもの。気にしたところで結果は同じなのです。ならば、頭の中から消してしまっても支障はありません。**他人があなたをどう思うか? それはその人が決めることであり、気になるからといってどうこうできるものではありません。**「どう思われているのか?」ともやもやしたときは「気にしたところで変わらないよね」と言いかえてください。気にせず目の前の仕事に取り組んでいれば、結果的に周りからよく思ってもらえるものです。

## 2

# 失礼なことを言われた！

×心が重くなるひとりごと

あ〜、なんかムカつく！

○すっと軽くなるひとりごと

ああ、かわいそうに……

**自分から人間関係を壊すような人は**
**かわいそうな人**

相手の気持ちを考えず、失礼なことや無礼なことを言う人は一定数います。「へえ、キミもやればできるんだ」「悩みとかなさそうでいいよね」「気に入られている人は得だね」。その場では大人の対応でさらっと流せても、「侮辱された」「バカにされた」という思いは簡単に消えるものではありません。深いため息が出たり、「なんかムカつく！」とイライラしたり、心に刺さったトゲがチクチク痛んだりするものです。

ちょっと視点を変えて考えてみましょう。**その人の発言は、一見あなたを傷つけているようで、実際のところ、その人自身を傷つけているだけ**なのです。どういうことかというと、人間とは他人と協力し、助け合って生き延びている社会的な動物。周囲と仲良くコミュニケーションを取ることは、自分自身を助けることにも繋がります。逆を言えば、他人を傷つけるような言動は周囲から疎まれたり、遠ざけられたり、自身を孤立させてしまう危険行為。**人間関係にわざわざヒビを入れて自らの立場を危うくしているのに、それに気づいていないのであれば、その人は「かわいそうな人」確定**です。

心ない言葉を投げつけた代償は、いつかブーメランとなってその人に返ってきます。**失礼な発言によって真に傷つくのはあなたではなく、その人自身**なのです。「人として大切なことがわからないんだな」「ああ、この人はかわいそうな人だ」。そう言いかえて、イライラではなく、むしろ慈しみの気持ちで接するのが正解でしょう。

# 3

## 変わったことをする人がいる

×心が重くなるひとりごと

いやいや、
おかしいでしょ

○すっと軽くなるひとりごと

この人は
そういう人だから

変わった人が変わったことをするのは
もう仕方がない

どんな職場にも1人ぐらい変わった人はいます。突拍子もない提案をしたり、上司にタメ口で話したり、仕事中なのに私用の電話に出たり……。中には驚くようなことをしでかす人がいるかもしれません。ちなみに私は、机にシルバニアファミリーを並べている女性を見たとき、心の中でこう叫びました。「いや、おかしいでしょ！」。

自分にとっての普通や常識から外れる行為を見て、「おかしい」と感じるのは自然なことです。とはいえ、**どんなに理解しがたい行為であっても、明らかに逸脱していない限り、振る舞いを変えさせることはできません。**その人が何かするたびに「何考えてんだよ？」「間違っている」などと引っかかっていたら、精神的にくたびれてきます。

でも、よく考えれば、変わった人が変わったことをするのは当たり前。冒頭の女性が仕事中にアイスクリームを食べているのを見たことがありますが、「さすがだな」と逆に納得した覚えがあります。どんなにあなたが気にしても、**変な人が変であることは揺らがないのです。ならば、さらっと流した方が気持ちは楽になります。**

机を散らかしたまま帰ろうが、靴下を脱いで仕事をしていようが、変わった人に普通を求めてはなりません。「おかしいでしょ」と思っても「そういう人だからね」と前向きに諦めてください。変わった人はあなたのことを1ミリも気にしていません。だからあなたも、気にしなくて大丈夫。それがお互いにとって一番いい関係なのです。

4

## 冷たい態度を取られた

×心が重くなるひとりごと

**私、絶対あの人に避けられてる**

○すっと軽くなるひとりごと

**私がそう思い込んでいるだけだね**

人間関係の不安は
思い込みだと思った方がいい

「上司は私と話すときだけ厳しいんです」「目を合わせてくれない……避けられているのかも」「冷たい態度を取られた」。そう不安になる人は少なくありません。でも、よくよく話を聞くと、客観的には「考えすぎ」であることがほとんど。

というのも、**人には不安を大きく膨らませてしまうクセがあります。**ミシガン大学の研究によると、不安や心配ごとのほとんど、8割は実際には起こらないとのこと。私たちが恐れているのは、あくまでも「最悪のパターン」なのです。

「絶対、嫌われている」「避けられているに違いない」「邪魔だと思われている」。そうやって断定的に考えていると気分が落ち込んでしまいます。でも、**その手の不安は「そう感じているだけで実際は違う」とスルーしてしまって大丈夫。**心の仕組みができたのは狩猟採集時代。1人で生きられるほど人間は強い動物ではありません。他者との関係が生死を分けるシビアな環境だったため、「周りから嫌われていないか？」と少々考えすぎぐらいの方が、生き延びる上で好都合だったのです。

私たち現代人は、例外なく人間関係で不安になりやすかった個体の子孫。程度の差はあっても、この手の不安は誰にでもあります。「絶対に嫌われている」と感じても、「そう思い込んでいるだけか」と言いかえてください。不安による錯覚の可能性大です。思い込みに飲み込まれないように、自分の認識を疑うクセをつけましょう。

# 5

## 顔色をうかがってしまう

×心が重くなるひとりごと

**イヤな思いをさせてないかな？**

○すっと軽くなるひとりごと

**どう感じるかはその人の仕事**

最低限の配慮はするべき、
でも過剰に気にしなくていい

職場におけるマナーとして周囲への心遣いは大切です。あいさつや言葉遣い、態度、ちょっとしたフォローなど、丁寧に気配りすることで「よく気がつくね」と評価がアップしたりします。とはいえ、何事もやりすぎるのはよくありません。「配慮できているかな……足りないのでは？」「イヤな思いをさせてしまっていないかな？」。**やたらと相手の顔色をうかがっていると、心が重苦しくなってしまうのも当然**でしょう。

お互いに気分よく仕事ができるに越したことはありません。でも、そのためにあなたがしんどくなっては本末転倒。それに、**どんなに気を遣っても、相手の感情はその人のもの**です。何を言っても平気な人もいれば、ささいな言葉で傷つく人もいます。あなたの言葉をどう受け止めるのか？ 最終決定権は相手の側にあるのです。いくら配慮しても、その人の思いをコントロールすることはできません。相手のご機嫌が気になったときも、「どう感じるかはその人が決めること」と割り切ってください。

大丈夫。**そうやって気にしている人が相手を不快にさせることは、まずありません。**客観的には、十分配慮できているはず。それでも相手の反応が気になる？ だとしたら、**「嫌われたくない」「怒らせたくない」という思いが強すぎる**のでしょう。他人の思いは決められなくても、そういったあなた自身の思いなら、あなたが決められます。「気にしすぎかもね」と気づければ、心の重みもすっと軽くなるでしょう。

6

## 誰にも嫌われたくない

✕心が重くなるひとりごと

**皆から好かれないといけない**

○すっと軽くなるひとりごと

**2割の人に好かれたら十分**

「皆から好かれるのは無理」と
前向きに諦めること

他人から疎まれたり嫌われたりするのは、誰にとってもイヤなもの。とはいえ、それはあくまでも「嫌われないに越したことはない」という程度の話です。「皆から好かれないとダメ」「絶対に嫌われてはいけない」。そんな風に考えていると、人間関係のハードルは一気に上がります。いつも不機嫌な上司にも、文句ばかり言う後輩にも、誰にも嫌われないようにするわけです。作り笑いをしたり、調子を合わせたり、愛想よく振る舞ったり、**本心とは違う行動をしていれば、心が荒んでくるのは当然**でしょう。

心理学者のカール・ロジャーズは人間関係における「2対7対1の法則」を提唱しました。人が10人いれば、「あなたをどう思うか?」の比率はだいたいこうなると言います。**「2人は自然と気が合う人、7人はどちらでもない人、1人は何をしても気が合わない人」**。だとすると、素のままでいても2割の人には好かれますが、一方で、何をしてもしなくても、1割には嫌われてしまいます。お世辞を言ったり、すり寄ったり、どんなに気を遣ったところで「絶対に合わない」という人もいるわけです。

**「皆から好かれるのは無理」と、前向きに諦めてしまうのが賢明**でしょう。逆を言えば、何もしなくてもあなたを気に入ってくれる人が2割いるのです。合わない人のご機嫌を気にして過ごすよりも、「2割に好かれたら十分」と割り切った方が心は軽くなります。自然体のあなたを好いてくれる人の方に気持ちを向けてみてはいかがでしょうか?

# 7

## 苦手な人から嫌われた?

×心が重くなるひとりごと

あの人に嫌われてしまった……

○すっと軽くなるひとりごと

あの人に嫌われてよかった！

よく思っていない人から嫌われるのは
むしろ喜ばしい

職場には1人や2人ぐらい、「ウマが合わない……」と感じる人がいるものです。「なるべく話したくないし、距離を取って過ごしたい」というのが正直なところでしょう。とはいえ、いくら苦手な人であっても、仲良くできるに越したことはないのも確か。口角を上げて笑顔を作ったり、親しみを込めて声をかけたり、何かと気を遣ってみたり……。それにもかかわらず、相手の反応がイマイチだと残念に思うものです。「こんなに頑張っているのに、あの人に嫌われてしまった……」と気持ちが重くなりますよね。

でも、**嫌われたことを残念に思う必要はありません。**カナダの詩人、フィリックス・レクエアは「愚かな人に嫌われることを喜びなさい」と言っています。「愚かな人」と言うと語弊があるかもしれませんが、「あなたがよいとは思っていない人から嫌われるのは正解」という意味です。**本来であれば、人から嫌われるのは悲しいことですが、それが苦手な人なら、むしろ「嫌われてよかった！」と喜ぶべき**でしょう。

苦手な人から好かれようとするのは結構つらいものがありますし、相手の気分を気にしていれば、精神的に疲れるのは当然です。「お互い適度に距離を取ってやっていくのがベスト」と割り切って過ごした方が、気持ちは楽になります。あくまでも職場の人であって友達ではないのです。心をすり減らしてまで仲良くする必要はありません。むしろ「距離を取ってくれたんだ」と感謝するぐらいでちょうどよいでしょう。

# 8

## 仕事をしない同僚がいる

×心が重くなるひとりごと

**ちゃんと仕事しろよ……**

○すっと軽くなるひとりごと

**彼らと同じになってはいけない**

仕事をしない人に気を取られて
自分まで集中を乱さない

仕事をしない同僚が近くにいると気になってしまいますよね。おしゃべりや雑談に夢中だったり、不平不満やグチをこぼしていたり……。「1分1秒ムダにするな」とまでは言わなくても、だらだら勤務時間を浪費している様子を見ると気になってしまうもの。「何をしてるんだ、仕事しろよ」と舌打ちしたくなったことはありませんか？

本来であれば、上司や管理者がきちんと注意するべきところです。でも、その上司が外出していたり、いまいち頼りなかったり、上司自身が雑談の中心にいたりすると、まるで「自習時間の教室」のようになってしまう職場も多いかもしれません。

仕事に集中したいのに「邪魔されている」と思えば、それは腹も立ってくるでしょう。そのとき、あなたの注意はどこに向いているのでしょうか？　そう、「仕事をしない同僚」です。おしゃべりに夢中で仕事に集中できていない同僚。そんな同僚が気になって集中を乱しているあなた。**他の何かに気を取られて目の前の仕事がおろそかになっているという点で、同僚もあなたも、残念ながら「同じ穴のムジナ」**なのです。

「気にしないように」と思えば思うほど、人はそこに意識が向いてしまうもの。「サボってないで仕事しろよ」と思ったら、「彼らと同じになってはいけない」とこちら側に戻ってきてください。**窓の外の雑音のように、割り切って無視してしまいましょう。**自然とどうでもよくなって、雑談やグチの声も耳に入ってこなくなるはずです。

9

# 上司の機嫌が妙に悪い

×心が重くなるひとりごと

私のせいで機嫌悪いの？

○すっと軽くなるひとりごと

昨日何かあったんでしょ

単なる自己関連づけ、
十中八九あなたとは関係ない

口調がキツかったり、イライラが顔に出ていたり、上司の不機嫌さが伝わってくること、ありますよね。「部長に叱られたからかな？」と理由が明らかな場合は、距離を取って時間が過ぎるのを待てばよいでしょう。問題は不機嫌の理由がわからないとき。「もしかして私のせい？」などと不吉な思いが浮かんできたことはありませんか？　そんな風に考えていれば、気分が重苦しくなってくるのもムリはありません。

悪いことが起きると、人は「なぜこうなった？」と理由や原因を探りたくなります。それがわからない場合、**「自分のせいではないか？」と疑念に囚われてしまうことがある**のです。特に何かミスをしたり、うまく結果が出なかったり、気持ちが不安定なときは要注意。「悪いことが起きたのは私の責任かも……」と、なぜか自分に非があるような気がしてしまう。これは**「自己関連づけ」という認知バイアスの一種**です。

「私のせい？」と感じても落ち着いて考えてみてください。上司のイライラの理由があなたにあるのか、あなた以外にあるのか？　確率的に言って後者の可能性の方が圧倒的に高いのです。たとえば、昨日の夜に夫婦ゲンカしたからかもしれませんし、単に体調が悪いだけということもありえます。いずれにしても、**十中八九あなたとは関係ない**でしょう。「昨日何かあったんだね」と、さらっと受け流して大丈夫です。「自己関連づけ」をしてしまっていないか？　自分の認識を省みるクセをつけてください。

## 10

# 「普通」が通じない人がいる

×心が重くなるひとりごと

普通はここで〇〇するでしょ

〇すっと軽くなるひとりごと

これは私にとっての普通だね

「私にとっての普通」が
皆に当てはまるわけではない

「なんで書類出しっぱなし？　普通は片づけてから帰るでしょ」「先週は手伝ったし、今日は向こうが手伝うのが普通だよね」。職場にはさまざまな考え方の人がいます。「人それぞれ価値観が違う」と口で言うのは簡単ですが、いざ「自分の普通」からはみ出した人を見ると、つい「普通はこうするでしょ」と思ってしまうものです。

とはいえ、**その「普通」はあくまでも「私にとっての普通」に過ぎません。**育った環境や経験によって「普通」も変わります。あなたの普通が他人一般に当てはまるわけではないのです。もちろん、「赤信号は止まる」のような客観的な普通もありますが、職場で起きるのは、そういう明確な線引きのあることばかりではないでしょう。

「私の普通は皆にとっても普通なのでは？」。そんな風に思っていると「他人の普通」とぶつかってイヤな思いをすることが増えるはずです。「絶対こうでしょ」と強く感じたときほど「それは私にとっての普通だね」と言いかえてみてください。

**「私にとっての普通」を相手に理解してもらいたいなら、そう思う背景や理由をわかりやすく伝えてみること**です。あなたにとっては当たり前すぎて言語化するのは難しいかもしれませんが、相手からすると異国の文化のようにわからないものです。落ち着いて言葉にすれば、案外すんなり伝わったりするもの。お互いの普通が違うだけで、悪意はないことに気づければ、重くなった心も少しは軽くなるでしょう。

# 11

## できる人と比べてしまう

×心が重くなるひとりごと

あの人は〇〇があっていいな

〇すっと軽くなるひとりごと

私には〇〇があるからいいか

**自分にないものは過大評価しがち、
自分の持ちものを見る**

他人をうらやましく思った経験は誰にでもあるものです。「人前だとうまく話せなくなる……彼女はすらすら話せていいな」「あの人の資料のデザイン、独自のセンスでうらやましい」。生まれや育ち、職場環境、キャリア、学歴、能力、見た目など、私たちは何かにつけて、自分と他人とを比べて落ち込むクセがあります。**他人が持っているものの方がよく見える、いわゆる「隣の芝生は青く見える現象」に陥りがち**です。

人は、身近にあるものに対しては、不思議と「あるのが当たり前」と感じます。空気や地面に価値を感じないのと同じです。あって当たり前のものを特別視することはありません。一方、自分の手元にないものは、実際よりも過大評価しがち。「あの人はいいよね、○○があるから……」「○○を持っているのはすごい」。**他人の持ちものばかり見ていると、ねたみや落ち込みから心が重くなってしまうのは当然**でしょう。

実際は、その人もあなたのことを陰でうらやんでいる可能性があります。なぜなら、**あなたも他人にはない何かを持っているから**です。ただ、あなた自身がそれに価値を感じていないだけ。自分にないものを見ていてもいいことは起きません。だったら、あなたが持っている「それ」を見直してみませんか？「そういえば、わかりやすい説明だと褒められるな」「指示通りに正確な資料が作れているのはいいいね」。「私にはこれがあるからいいか」、そんなあなたにしかない宝物が、きっと見つかるはずです。

# 12

## 人に助けてもらってばかり

×心が重くなるひとりごと

また迷惑かけちゃったかな

○すっと軽くなるひとりごと

助け合い、お互い様だよね

助け合うのが人の社会、
それは迷惑とは言わない

会社の中で仕事をしていれば、誰かに手伝ってもらったり、仕事を肩代わりしてもらったりすることは日常的に発生します。たとえば、上司から頼まれていた会議の準備が終わらず焦っていたら、それを察した隣の先輩が「大丈夫？　手伝おうか」と声をかけてくれた。「おかげでどうにか準備が間に合った！」。ほっと一安心ですね。

そういうとき、「ありがとう」という感謝の気持ちと同時に、気まずさや不甲斐なさが湧いてくることはありませんか？「あ〜、先輩も忙しいのにまた迷惑かけちゃった。私の段取りが悪いせいだよね、申し訳ない……」。**何かをやってもらうことに罪の意識を感じていると、「負担をかけてしまった」と心が苦しくなるのも当然**です。

でも、会社というのは人の集まり。1人ひとりの力は小さくても、それを合わせることで協力しながら大きな結果を出していくのが組織です。**「困ったときはお互い様」と助け合うことも、全体から見れば必要な仕事**と言えるでしょう。それを迷惑行為だと思っていたら、誰も助け合おうとしない寒々しい雰囲気になってしまいます。

声をかけてくれた先輩も、誰かに助けてもらった経験があるかもしれません。いつかあなたも忙しそうな先輩や後輩に、「時間があるから手伝いますね」と声をかけるときが来るでしょう。だから今は心配しなくても大丈夫です。申し訳ないと感じても「助け合い、お互い様だよね」と、先輩からの助けを素直に受け取ってみてください。

# 13

## 面倒な人がいる

×心が重くなるひとりごと

どうすればあの人を変えられるのか

○すっと軽くなるひとりごと

どうすればあの人を気にせずに済むか

変えられないものを気にするのは
エネルギーのムダ

「ちょっと面倒だよね」と陰で噂されている人、あなたの周りにもいませんか？　たとえば、「もう取引先に言っちゃったから何とか対応してよ」と自分の都合を押し付けてくる上司。意見が否定されるとわかりやすく不機嫌になって周りを凍らせる先輩。新人の不手際に対して聞くに堪えない悪口を言い続ける同僚。ああ面倒くさい。

こういう人たちが近くにいると、心がくたくたに疲れてしまいます。つい「どうにかあの人を変えられないだろうか……？」と考えてしまいがち。ですが、結局は答えが見つからず、「さらに気分が重くなった」という経験はあなたにもあるでしょう。

残念ながら、**相手の態度を変えさせる方法はない**のです。なぜなら、上司も先輩も同僚も他人。当たり前ですが、みんな自分の意志で動いているため、思い通りに動かすことはできません。何を言ってどう動くかを決めるのはその人自身です。あなたにできるのは、伝え方を工夫することぐらいでしょう。とはいえ、どんな伝え方をしても、改めるかどうかはその人次第。まず変わらないと思った方が無難です。

その場合、**「相手を変える方法」ではなく「相手を気にせずに済む方法」を考えた方が賢明**でしょう。「あのときの上司、めちゃ焦ってたな」「ダメ出しされて機嫌悪くなるとか青いね」「悪口の多さとヒマさは比例する」。心の中でニヤリと笑える話に変換してみてはいかがでしょう？　変えられないものにエネルギーを無駄遣いしないように。

14

## 怒りをぶつけたくなる

×心が重くなるひとりごと

**言わなきゃ気が済まない**

○すっと軽くなるひとりごと

**今は怒りを取っておこう**

怒りはムダ撃ちしないで
使いどころを見極める

何度も同じミスを繰り返したり、面倒な仕事をサボろうとしたり、思わず「いい加減にしろよ」と言いたくなる人はいるものです。怒りを言葉にすると感情が発散されるため、一瞬だけ気持ちよさを感じるかもしれません。でも、感情が落ち着いた後に「言わなきゃよかった……」と後悔したり自己嫌悪に陥ったりするのがオチでしょう。

怒りは、シューティングゲームにおける「ボム」とよく似ています。ボムとは、ゲーム内で敵機に囲まれてピンチに陥った際、ボタン1つで周囲の敵を消し去ってくれる特殊攻撃のこと。回数制限はあるものの、うまく使えば有利にゲームを進められます。**怒りも瞬間的に人を動かす力を持っていますが、あまり頻繁に使っていると、だんだん威力が落ちてくる**のです。実際、しょっちゅう怒っている人の怒りは「はいはい」と軽く流されてしまいがちですが、いつも物静かな人の怒りにはすさまじい威力があります。いつ怒りを放つのか？ **大切なのは怒りの使いどころ**なのです。

**感情に振り回されて怒るのではなく、あくまでも気持ちを伝えるための手段として「怒っているフリ」をする方が効果的**でしょう。言っても聞かない相手に本気の感情はもったいない。「言わなきゃ気が済まない」と思っても、「今は怒りを温存しておこう」と気持ちを切り替えてください。怒りは回数制限のある奥の手として大事に使うことです。強い感情をムダ撃ちしなくなれば、後悔の念や自己嫌悪も抑えられます。

# 面倒ごとで疲弊

part 2

# ストレスや

「ストレスは人生のスパイス」と言いますが、確かにいっさいストレスがない日々はどこか味気ないもの。中には「ストレスがないのがストレス」という人もいるかもしれません。とはいえ、あまりに刺激的な毎日を過ごしていると、実際のスパイス同様、人はその刺激に慣れてしまいます。激辛状態が続けば心が疲れるのは当然です。

ストレス対処で大切なのは、「ストレス要因」と「ストレス反応」に分けて考えること。たとえば、クレーム電話というのは「ストレス要因」で、それによって気分が重くなることが「ストレス反応」です。このとき、「ストレス要因」の方を変えようとするとどうなるか？「そんなこと言われても困ります」などと反論すれば、相手をさらにヒートアップさせかねません。それでは、重い気分がさらに重くなってしまうでしょう。

人は自分で変えられないものにストレスを感じます。「ストレス要因」は自分次第でコントロールできないため、トラブルや面倒ごとに気持ちを向ければ向けるほど、結局、「ストレス反応」も大きくなってしまうのです。職場というのはトラブルや面倒ごとの宝庫。「ストレス要因」をゼロにすることはできなくても、それをどう捉えるかによって、「ストレス反応」はかなり軽減できます。大切なのは、自分の考えによってストレスを大きくしないこと。職場の面倒ごとで心が疲弊してしまわないためにも、頭の中のひとりごとを言いかえて、ストレスを軽減できるようになりましょう。

# 1

## 雑事がほったらかし状態

×心が重くなるひとりごと

なんで誰もやらないの？

○すっと軽くなるひとりごと

私がやればいいか

「見て見ぬふり」は心が疲れる、
自分のために率先してやる

職場には「名もなき仕事」がたくさんあります。ゴミをまとめたり、荷物を受け取ったり、来客の対応をしたり、コピー用紙を補充したり。いわゆる「雑事」を数え上げたらキリがありません。地味で面倒な割に大して評価されるわけでもない……。「できればやりたくない」というのが本音かもしれません。とはいえ、誰も手をつけず放置されたまま、というのは気になるものです。見て見ぬふりをしていても、自分のことは棚に上げて「なんで誰もやらないの？」ともやもやしてしまったことはありませんか？

本当に気づいていない人を除いて（それはそれで問題ですが）、たいてい皆さん、内心では「誰か早くやってよ」と気になっているものです。あえて気づかないふりをしたり、ちらっと同僚に目をやっても視線をそらされたり……。「無言の押しつけ合い」が始まると、心はどんどん重くなっていきます。だったら、**重苦しい気分で待つのではなく、「私がやればいいよね」と、すっと立ち上がって片づけてしまいましょう。**

「なぜ私が損をしないといけないの？」と思ったでしょうか？　でもそれは、「皆のために犠牲になろう」という意味ではありません。**「誰かやってよ」というもやもやで心をすり減らさないため、あくまでも自分の心を守るための判断**なのです。不満に思うぐらいの余裕があるなら、進んで雑事をやった方が穏やかに過ごせます。「誰かがやるだろう」の「誰か」には、あなた自身も含まれているのですから。

## 2

# 想定外で頭がプチパニック

×心が重くなるひとりごと

どうしよう？
どうしたら？

○すっと軽くなるひとりごと

よし、いったん
落ち着こう

焦って行動せず
冷静になるまで判断を保留する

「想定外の質問が飛んできて答えがしどろもどろ」「期限を間違えていて書類の提出が間に合わない」「絶対外せない仕事なのに電車が止まっている」。予期せぬ状況になると、誰でも動揺して軽くパニックになるものです。「落ち着かなければ」と思っても心臓はバクバク、冷汗タラタラ……。「どうしよう？」と焦ってしまうでしょう。

**パニック状態になると、人は何かしら行動を起こしたくなります。**危険からいち早く抜け出すために、「どうするのが正解か？」「何をするべきか？」と、とにかくアクションすることを前提に考えがちです。でも、昔から「急いては事を仕損じる」と言うように、**何事も焦って行動してしまうと、より事態を悪化させることになりかねません。**よくゾンビものの映画などで、不安や恐怖に耐えられず、1人で安全地帯を飛び出して真っ先にやられる脇役、いますよね。「いや、今出ちゃダメでしょ」と、観ている側は冷静にわかりますが、パニック状態になると、おとなしく待つのが難しくなるものです。

「ちょっと動揺しているかも」「いつもの自分じゃないな」。そう感じたら「よし、いったん落ち着こう」と頭を切り替えてください。**大切なのは、「どうするべきなのか？」という自らの問いにあえて答えないこと。**客観的に考えられるようになるまで、判断や行動をとりあえず保留することです。冷静さが戻ってくれば最善の判断ができますし、そうすれば、いかに大変な状況でも切り抜けることができるでしょう。

## 3

# 建前でやっている仕事

×心が重くなるひとりごと

やってもどうせ意味なんてない

○すっと軽くなるひとりごと

意味がないことに意味がある

実質的に意味のない
「建前の仕事」は必ずある

会社には「やらなくてもいい仕事」が存在します。お互いの予定を確認し合うためだけの定例会議。すでに結果が決まっているプレゼンの準備。誰も読まないのになぜか作成している謎の報告書。やってもやらなくても変わらない「建前の仕事」です。「何の意味があるのか？」「やっても意味がない」。誰もがうっすら変だとは思っていても、それを口にすることはタブー。とはいえ、無意味と思いながら取り組んでいれば心が病んでしまいます。**大切なのは、会社の仕事に意味を求めすぎないこと**です。

ちょうど100年ほど前、経済学者のケインズはある講演会でこう言いました。「100年後、1日に3時間働けば十分に生きていける社会がやってくるだろう」。残念ながら、世の中そうなってはいませんが、本当に意味ある仕事だけであれば、実際はそのぐらいの労働時間で十分なのかもしれません。でも、それだと手持無沙汰な時間が増えてしまいます。「やらなくても何も起きないよね」。なんとなくわかっていながらお互いにそれを指摘しないのは、やることのない時間をやり過ごすつらさを知っているからでしょう。

**実質的な意味はなくても存在そのものに意味がある。会社の仕事には、ある程度そういった残念な性質があるもの**です。やらなくても支障のない仕事に遭遇して、「どうせ意味ないのに……」と思ったら「いや、意味がないことに意味がある」と切り替えてください。「そういうものだ」と割り切って粛々と終わらせるのが一番です。

# 4

## 同僚が怒られているとき

×心が重くなるひとりごと

**あんな風に怒られたらイヤだな**

○すっと軽くなるひとりごと

**気の毒だけど、私とは関係ない**

「これは自分の感情ではない」とあえて線を引く

「同僚が叱られているのを見て自分までしんどくなった」という経験はありませんか？いわゆる「情動感染」と呼ばれる心理現象ですが、ネガティブな感情に限ったことではありません。たとえば、友達の笑いに釣られたり、穏やかな人といると心がほっとしたり、**感情というのは人から人へとよく伝染しているもの**なのです。

　ではなぜ情動感染が起きるのかというと、「あんな風に怒鳴られたらイヤだな……」と、その人の内面を読み取ってしまうから。もちろん、そうしているつもりはないのでしょう。でも、共感する力が強い人ほど、まるで自分のことのように感じ取ってしまうもの。直接は関係のないことでも、どっと気分が重くなってしまうはずです。

　他人の気持ちを想像するのは悪いことではありません。それは社会的な動物である人間にとって大切なこと。ですが、**一緒になって苦しむ必要はありません。**ネガティブ感情の感染を防ぐことは、たとえば、マスクで風邪を予防するのと同じ。同僚が風邪でしんどいからといって、あなたまで風邪をひいてあげる義理はないでしょう？

「あんな風に怒られたらイヤだな」と気持ちを想像しそうになったら、**「気の毒だけど、私とは関係ない」とあえて線引きをすること**です。自分の感情ではないことがわかれば、気分も軽くなります。まずはあなた自身の心の健康を優先してください。落ち着いてから、今度はあなたから穏やかな気持ちを分けてあげるとよいでしょう。

## 5

# あまり気乗りしない仕事

×心が重くなるひとりごと

**あ〜、面倒くさい**

○すっと軽くなるひとりごと

**さっさと終わらせよう**

気乗りしないならなおさら
1分1秒でも早く終わらせる

「なんか気が乗らないな」と思う仕事、ありますよね。たとえば、出張の交通費を精算したり、研修の報告書を作成したり……。「コレ、やっといて？」と雑に振られた仕事や、生産性を感じない仕事は特にそう。「面倒だな」と感じるのは当然です。きっと他にもたくさんやることがあるでしょう。そんなときは、後回しにするべき理由がいくらでも湧いてきます。でも、**延期すればするほど「面倒くさい」は大きくなるもの。**「後でやればいいか」と夏休みの宿題を先延ばしにするのと似ています。「もっと早く手をつければよかった……」と最後になって後悔しながら徹夜する、あの感じです。

たとえ気が乗らなくても、いずれはやらなければならない仕事。**いくら延期しても、気が向かない仕事にモチベーションは湧いてきません。**待っていてもやる気は湧いてこないのです。それどころか、寝かした分だけ、始めるのにより大きなエネルギーが必要になります。それに、「早くやらなければ……」ともやもやしながら放置していると、気分が重くなってきます。面倒なら、むしろ1分1秒でも早く終わらせてしまいませんか？

大丈夫。**「やる」と決めて取り組めば、案外さらっと片づいてしまうもの**です。「面倒だな」「やりたくないな」と感じたときは、「だったらなおさら、さっさと終わらせよう」とモードを切り替えてください。**心を悩ませる時間は極力、最小化しましょう。**すっきりした気分で取り組んだ方が、仕事のパフォーマンスも上がるはずです。

# 6

## 他の人のミスで叱られた

×心が重くなるひとりごと

**私のせいじゃないのに……**

○すっと軽くなるひとりごと

**誰のせいでもないよね**

「誰のせいか？」と犯人探しをしていると心が疲弊する

仕事をしていると、自分は悪くなくても叱られてしまうことがあります。たとえば、配送部門のミスなのに営業のあなたが怒られたり、たまたま取った外線が猛烈なクレーム電話だったり。決してあなたに落ち度があったわけではないでしょう。なのに「申し訳ございません！」と平謝りしなければいけない状況。「私のせいじゃないのに……」と、心の中で深いため息をついた経験は、あなたにもあるかもしれません。

**悪いことが起きると、人はその原因や犯人を探したくなります。**もちろん、同じ問題を起こさないためにも、原因を突き止めることは大切です。でも、「悪いのは誰だ？」「何のせいなのか？」と躍起になっていると、心は荒んでしまいます。先の例で言えば、配送部門の人に悪気があったわけではありませんし、お客様も悪意からクレームを言ったわけではないでしょう。きっかけとなった原因や張本人は存在したとしても、**基本、「悪意」はどこにもないのです。少なくともそう考えた方が気は楽になります。**

問題が起きたからといって、悪人や犯人を探し回る必要はありません。実際、会社で起きる問題のほとんどは「仕組みの不備」によるものです。犯人探しに囚われていると、本当の原因を見過ごしてしまいます。「私のせいじゃないのに……」「じゃあ誰のせいよ？」と感じたら、すかさず「いや、誰のせいでもないよね」と意識を切り替えてください。罪を憎んで人を憎まず。冷静に問題解決するためにも大切な考え方です。

7

## お客様からクレーム電話

×心が重くなるひとりごと

**そんなに怒らなくても いいのに**

○すっと軽くなるひとりごと

**それだけ困っている ということか**

「怒っている」のではなく
「困っている」と捉える

不満をぶつけられたり、ねちねちと文句を言われたり、クレームの電話を受けるのはしんどいものです。「システムがわかりにくい！」「荷物はいつ届くの⁉」「接客態度がなってない！」。こちらの不手際が原因だとしても、悪気があったわけではないでしょう。「そんなに怒らなくてもいいのに……」とげんなりしてしまいます。

とはいえ、お客様だって怒りたくて怒っているのではありません。本来、クレーム(claim)という言葉は、不具合に対して主張したり要求したりすることを意味します。何も怒りを伝えることがクレームというわけではないのです。**怒りの裏には必ずその人にとっての「困りごと」が隠れています。**たとえば、「システムがわかりにくい！(予約変更できなくて困っている)」「荷物はいつ届くの⁉(予定に間に合わないので焦っている)」「接客態度がなってない！(私のことをもっと大切に扱ってほしい)」。**一見、「怒っている」ように思えても、内心はあくまでも「困っている」だけ**なのです。

困りごとを素直に言語化できる人はそう多くありません。なんとなく察してほしくて、結果的に「怒り」を表現しているだけのこと。不満をぶつけられて心が疲れるのは自然な反応ですが、それを「怒られている」と思うとよけいに疲れてしまいます。「それだけ困っているということだね」と、受け止め方が変われば少しは気が楽になります。ゆとりを持って話を聞ければ、お客様の気持ちも落ち着いてくるはずです。

8

# 直前に予定が変更された

×心が重くなるひとりごと

**もっと早く言うべきでしょ**

○すっと軽くなるひとりごと

**まだ間に合ってよかった**

「不幸中の幸い」を見つけた方が
心は楽になる

出勤途中、得意先に同行する予定だった上司からこんなメールが届いたとします。「今日の営業先が変更になりました。至急こちらに向かってください」。時間的には間に合うとしても、せめて前日には聞いておきたい情報です。「いやいや、もっと早く言うべきでしょ！」。直前の予定変更をとがめたくなるのもムリはないでしょう。

とはいえ、そこで文句を言っていても状況は変わりません。「なぜもっと早く言わないのか？」「なぜ直前の連絡なのか？」「一体なぜなんだ？」。納得できない気持ちがあるのはわかります。予定変更の連絡が遅かったのは確かでしょう。だとしても、「なぜなぜ？」と考え込んでいれば、いつまで経っても腹の虫はおさまりません。

**こういうときは「不幸中の幸い」を探すようにしてください。**少々不謹慎な例えですが、火事で家が焼けてしまったとします。でも、家族は全員ケガもなし。さて、どんな言葉が出てくるでしょうか？ そう、「皆が無事でよかった」と思うはずです。

「不幸中の不幸」ばかりを気にしていると、「なぜなぜ？」が気になって心を病んでしまいます。でも、同じ不幸からでも「幸いなこと」は見つかるものです。どうにか間に合うのならこんな風に言いかえてみては？「もっと早く言うべきだけど、まだ間に合ってよかった」。実際、もっと連絡が遅くなっていた可能性もあるのです。**傷を負ったことを嘆くより、まだ軽傷で済んだことを喜んだ方が心は軽くなります。**

9

# 仕事が妙に遅い人がいる

×心が重くなるひとりごと

なんでそんなに仕事遅いの？

○すっと軽くなるひとりごと

この人のペースに合わせよう

その人のペースに合わせるのが
なんだかんだで最速

仕事の進め方やペースは人それぞれ違います。あなたからすると「仕事が遅い」と感じる人がいるかもしれません。遅々として進まない様子を見ていれば、イライラしてくるのも当然でしょう。「なぜそんなに仕事遅いの？」と思ってしまいますよね。

「なぜ？」とは言いつつ、別に理由を知りたいわけではないはずです。単純に、その人の仕事ぶりに不満を感じているのでしょう。「もっと早くしてもらいたい」「自分も頑張っているのに……」。**いくら不満を抱いても思うように相手が変わることはありませんし、変わらないものに不満をぶつけていたらますます疲れてしまいます。**

たとえば、足が悪い人と一緒に歩いている場面をイメージしてください。「もっと早く歩けないのか？」「なぜそんなに遅いのか？」。そうやって相手の歩みが遅いことにイライラするでしょうか？　しませんよね。叶わないとわかっている望みを抱く方がどうかしています。**その人のペースに合わせるのがなんだかんだで最速**なのです。

仕事の場合、やり方を変えればスピードアップする可能性はあります。でも、ご本人がその気にならない限り、変化は見込めないでしょう。「遅いな」と思っても「この人のペースに合わせよう」と切り替えてください。人間、自分を認めてくれる人のために「変わりたい」と思うもの。もしかしたら進め方を改めるきっかけになるかもしれません。少なくとも、相手のペースに寄り添う方があなたも気楽になるはずです。

## 10

# 1日よく働いてへとへと

×心が重くなるひとりごと

**あ〜疲れた、疲れた**

○すっと軽くなるひとりごと

**疲れたのは頑張った証拠**

「疲れた」と言うと疲労感に
意識が向いて疲れが増す

やたらと忙しい日ってありませんか？ 朝からやり残しを片づけて午後はクライアントとの会議。夕方からプレゼンの資料をまとめ、気がついたらもうこんな時間……。1日ずっと忙しくして心身ともにくたくた。そんな日は思わずこう言いたくなるものです。「あ～、なんか今日は疲れたな」。とはいえ、いつまでも「疲れた、疲れた」と繰り返していると、より疲れを感じて心が重くなってしまうかもしれません。

たとえば、夏場にずっと「暑い、暑い」と言っている人、いますよね。嘆いたところで涼しくはなりませんし、何度も聞かされていると気が滅入ってくるものです。**言葉にはその対象に意識を向けさせる効果があります。**「暑い」と言っていると暑さに対して敏感になるため、よけい暑く感じてしまうのです。それと同じで、何度も「疲れた」とつぶやいていたら、「いかに疲れたか？」で頭がいっぱいになってしまいます。

でも、カン違いしないでください。決して「疲れたと思わないように」ということではありません。よく働いて疲れたのは確かですから、こんな風に付け足してみてはどうでしょうか？「あ～疲れた。でもこれってよく頑張った証拠だよね」。同じ状況であっても、どの面に目を向けるかはあなた次第。**「疲れた」というネガティブな面ではなく、「頑張った」というポジティブな面に意識を向けてみてください。**よく働いた自分のことを褒めてあげれば、疲れてしまった心もすっと軽くなるはずです。

# 11

## いつも通りの退屈な日

×心が重くなるひとりごと

**今日も退屈でつまらない**

○すっと軽くなるひとりごと

**何もないのは平和な証拠**

かわり映えせずに退屈なのは
平和な証拠

仕事をしていて、「毎日かわり映えしないな」と思ったことはありませんか？ いつも同じ顔触れで仕事内容もさほど変わらない……。同じような日々が続けば、飽きを感じるのも当然。「今日もつまらない……」と思うのもムリはありません。

**単調な仕事をしていれば、退屈を感じるのは自然な反応**です。では反対に「トラブル続きの毎日」だとどうでしょうか？ 目まぐるしく変化する環境で息つくヒマもない……。それを「充実している」と思えるのは最初のうちだけでしょう。心が落ち着かずイライラしたり焦ったり、「何とかしてよ」とため息が出てしまうかもしれません。くたくたに疲弊して「もっと穏やかに仕事したい」と思うのは時間の問題。哲学者のバートランド・ラッセルは『幸福論』でこう言っています。「退屈に耐える力をある程度持っていることは、幸福な生活にとって不可欠である」。人には退屈に耐えかねて刺激を求めてしまうクセがあります。でも実際、刺激的な日々が続けば、「もう勘弁して」と言いたくなるでしょう。

**退屈さというのは、要するに「平和な証拠」**なのです。

昨日と見分けがつかないぐらい、何もない日もあるかもしれません。「刺激がなくてつまらない」「なんか面白いことないかな？」。そんな風に感じたときは、「でも、何もないって平和な証拠だね」と視点を変えてみてください。**「かわり映えしない日常」に感謝すること。それが退屈とうまく付き合うための考え方のコツ**です。

## 12

# トラブルで企画が中止に

×心が重くなるひとりごと

全部ムダになってしまった

○すっと軽くなるひとりごと

次やるときのいい練習になった

「失ったもの」ではなく
「手に入ったもの」を探す

企画していたイベントが天候トラブルで中止になったとします。「こんなときに限って最悪」「せっかく準備したのにムダになった」。悪天候は誰のせいでもないのですが、頭ではそうわかっていても、「最後までできなかった」という思いは悔しいものです。確かに、結果だけを見ると努力がムダになったように感じるかもしれません。**自分のやったことを「意味がなかった」と思えば心が重くなるのは当然**でしょう。

こんな言葉があります。「登山の真の喜びは、山頂に到達することではなく、山を登る過程にある」。苦労しながら登ってきたのに山頂までの道が閉ざされていた……。そのとき、「せっかく登ったのにムダになった」と思うでしょうか？　だとしたらそれは、山頂に到達することが目的になっているからです。でも実際、登山の醍醐味は山頂に到達することではなく、その途中で得られる経験。たとえゴールに辿り着けなかったとしても、「ここまでの道のり、楽しかったな」と過程を味わうことは十分できます。

仕事で目標に辿り着けなかった場合も同じ。**「全部ムダになった」などと早合点せず、それまでの過程に目を移してみること**です。「皆で準備している時間が楽しかった」「次やるときのいい練習になった」。起きた事実は変えられなくても、それをどう認識するかはあなたが決められます。**「失ったもの」ではなく「手に入ったもの」を探してください。**

何かを達成するのとはまた違った、別の喜びに気がつけるはずです。

13

# 仕事が重なって混乱

×心が重くなるひとりごと

**あれもやらなきゃ、これもやらなきゃ**

○すっと軽くなるひとりごと

**とりあえずこれ以外、今は考えない**

今できるのは1つだけ、
一点に集中して取り組む

電話対応や受注入力、資料発送、打ち合わせの準備、メールの返信など……。職場では、たくさんの仕事を同時に抱えることはよくあります。1つひとつは小さな仕事でも、やることが多いと、もうそれだけで焦ってしまうかもしれません。「あれもやらなきゃ、これもやらなきゃ」と複数のことに意識を向けていれば、どうしても集中は散漫になります。「何から手をつけたらいいのか……」と頭の中が混乱してしまうでしょう。

昔から言われるように「二兎を追う者は一兎も得ず」です。やるべきことが多いときほど、意識して狙いを絞らなくてはなりません。「脳トレ」で有名な東北大学の川島隆太教授によると、人間の脳は基本的に単一の課題をこなすように設計されているとのこと。たくさんの仕事を同時並行で進めるとムダにエネルギーを消費してしまいます。**結局、目の前のことに集中し、1つずつ順番に片づけていくのが一番効率的**なのです。

やることが重なったときは**仕事をずらっと横に並べるのではなく、縦一列に整列させるイメージを持つとよい**でしょう。あなたから見えるのは一番前の仕事だけ。今やること以外をあえて視界から隠すと狙いが絞られるため、集中が乱れることもなくなります。いかに多くのことを抱えていようと、今この瞬間できるのは1つのことだけ。「あれもこれも」と混乱したらこう言いかえてください。「とりあえず目の前の仕事以外、今は考えない」。一兎に集中して取り組めれば、混乱した頭も落ち着いてきます。

# 14

## 気がかりで頭がいっぱい

×心が重くなるひとりごと

**あれも気になる、これも気になる**

○すっと軽くなるひとりごと

**考えても意味ないことは忘れよう**

「思考のストレージ」がいっぱいだと
頭が回らなくなる

気がかりで頭がいっぱいになることはありませんか？「今度異動してくる上司はどんな人なんだろう」「どうしてうちの会社はいつも〇〇なのかな……？」「私のいないところで何か噂話されてないか……」。考えてもしょうがないとわかっていても、気になってしまうことはあるものです。とはいえ、「あれも気になる、これも気になる」と**四方八方に意識を張り巡らせていたら、心が疲れてしまってもムリはありません。**

そういうときは、**「思考のストレージ」をイメージしてみてください。**スマホやパソコンで「ストレージがいっぱいです」と表示されたらどうするでしょうか？使っていないアプリや消しても問題ないデータを削除して、空き容量を確保するはずです。「思考のストレージ」も同じ。あれやこれや気がかりで頭がいっぱいになると、思考するための容量が足りなくなり、うまく頭が回らなくなってしまいます。**スマホと同じように、なくても支障のない情報を頭の中から削除しなくてはなりません。**

たとえば、明日の天気はいくら考えても同じです。少なくとも、長い時間「思考のストレージ」に留めるほどの情報ではないでしょう。新しい上司や会社の体制なども同じこと。気になるのはわかりますが、考えたところで何かが変わるわけではありません。必要以上に意識を向けず、「考えても意味ないことは忘れよう」と頭の中から消してください。思考の容量にゆとりが生まれれば、必然的に気持ちも軽くなります。

# ションが疲れる

part 3 コミュニケー

劇作家のジョージ・バーナード・ショーの言葉です。「コミュニケーションにおける最大の問題とは、それが達成されたと錯覚してしまうことである」。コミュニケーションというのは相手に伝わってナンボ。どんなに話し上手であっても伝わらなければ意味がありません。「なんでわかってくれないんだ！」とイライラしていたら、相手との関係が気まずいものになり、よけいに伝わらなくなってしまうでしょう。

人には、伝えたことは相手も同じように理解してくれると思い込むクセがあります。それは「自分が知っていることは相手も知っている」という前提があるから。実際は、知っていることもやってきたことも皆まるで違います。考え方も価値観も、それぞれ異なるのが人間。重なる部分が少なければ、伝わらない方がむしろ自然でしょう。

「伝わる前提」で考えていると、どうしてもコミュニケーションはしんどいものになりますが、そこをあえて「伝わらない前提」で臨むのです。そうすれば、多少ズレがあったとしても心は動じなくなります。コミュニケーションはあなた1人の問題ではありません。あまり深刻に考える必要はないのですが、どういう思いで他人と関わるかによって、心の負担はずいぶん変わってきます。伝わらないこと、わかり合えないことはしんどいものです。でも、それについて不満を持っていたら二重の意味でしんどくなってしまいます。うまく言いかえて、少しでも気を軽くできるようになってください。

# 1

## 説明しても伝わらない

×心が重くなるひとりごと

なんで伝わらないんだよ

○すっと軽くなるひとりごと

文化が違うから仕方ない

伝わるかどうかは
文化の違いによって左右される

「説明しても伝わらない」と悩んでしまうこと、ありませんか？「論点がまったくかみ合わない」「そういう意味じゃないんだけど……」「なんでそんな風に受け取るのかね」。丁寧に伝えたのに受け取ってもらえないとがっかりしますよね。

でも、コミュニケーションとは、本来とても難しいもの。「今日は暑いですね」「そうですね」。この程度のことであれば、誰とでも簡単にわかり合えますが、職場ではもっと微妙なニュアンスをやり取りすることも多くあるはずです。**「なんで伝わらないのか？」といちいち気にしていたら、気分が滅入ってくるのもムリはない**でしょう。

そんなときは**「文化が違うんだな」と割り切ることも必要**です。たとえば、外国に行って電車が大幅に遅れていたとします。「いつになったら動くんだ？」と駅員さんに詰め寄っても、ちゃんとした回答は返ってこないでしょう。なぜなら、日本以外の国で電車が遅れるのはよくあることだからです。文化が違えば「どんな状況でどう思うか」もまるで異なります。**伝わるかどうかは文化の違いに左右される部分が大きい**のです。

もちろん、**同じ文化圏であっても1人ひとり考え方の文化は違います。**「なぜ理解できないの？」とげんなりしたときは「文化が違うから仕方ないよね」と切り替えるようにしてください。「伝わるのが当たり前」と思っていると心が重くなってきますが、「伝わらないのが当たり前」と思っておけば、少しは気が楽になるはずです。

## 2

## まったく伝わらなくて困る

×心が重くなるひとりごと

**全然、わかってもらえない！**

○すっと軽くなるひとりごと

**少しでも伝わったからいいか**

どのぐらい伝わるかの
期待のハードルを下げる

「上司に相談しても的外れなアドバイスばかりされる……」。職場には、こういう「言いたいことが伝わらない状況」は無限に存在します。どれだけ熱心に説明しても、理解されるかどうか、最後の最後は相手次第です。**「まったくわかってもらえない」などと不満を持っていたら、不毛な気持ちになって心が重くなってしまう**でしょう。

そもそも言葉というのは不完全なものです。頭の中にある思いをうまく言語化できたとしても、それが100%、相手の頭にコピペされるわけではありません。いわゆる「伝言ゲーム」を想像すればわかるでしょう。元の言葉と最後の人の言葉はまるで違ったものになります。**情報というのは伝える際にいくらか目減りするもの**なのです。

たとえば、伝えたいことが「10」あるとしましょう。このとき、「8割ぐらいは伝わるよね」と期待していると、実際は「5」しか伝わらなかった場合、そのギャップにげんなりすることになります。でも、「3割でも伝われば十分か」とあえてハードルを下げておけば、「思っていたより伝わったな」とむしろ満足感を得られるのです。

あえて「伝わらない前提」で臨んでください。といっても、「理解されることを諦める」という意味ではありません。**わかりやすく伝える努力をした上で、伝わるかどうかという結果を割り切っておく。**すると、あまり理解してもらえなかった場合でも、「少しでも伝わったからいいか」と、それほどもやもやせずに済むはずです。

# 3

## 何度注意しても改めない人

×心が重くなるひとりごと

**どうせ言っても変わらないし……**

○すっと軽くなるひとりごと

**伝えるところまでは私の仕事**

注意を聞いて実際どうするかは
あなたの仕事ではない

職場に「注意してもなかなか改めてくれない人」はいませんか？　たとえば、いつも同じような書類の不備がある人に注意をしたとします。そのときは「わかりました」と言っても、気づけばまた同じことをしている……。言ったことをスルーされているわけですから、もちろんいい気分にはなりません。そんなことが続けば、「どうせ言っても変わらない」と諦めたくなるでしょう。でも、言いたい気持ちを抑えてイライラを飲み込むのもつらいもの。人は「自分にはコントロールできないこと」にストレスを感じます。**「言っても変わらない」が続けば、気持ちが疲弊してくるのは当たり前**なのです。

そんなときは、「自分のコントロールできる範囲」を再確認しましょう。「書類の不備に気をつけてくださいね」と伝えたとして、実際、ちゃんとやってもらえるかはその人次第です。あなたのコントロール範囲を超えています。あなたにできるのは、そうやって伝えるところまで。**注意を聞いてどうするかは、あなたの仕事ではありません。大切なのは「伝える」という自分の仕事を放棄しないこと。**「どうせ言っても変わらない……」と諦めたくなったら、「伝えるところまでは私の仕事」と頭を切り替えてください。声の大きさやトーンといった伝え方であれば、自分次第でコントロールできます。その結果、相手が変わらなくても、あなたは自分の仕事をしたのです。「そこから先は相手の仕事」と割り切れば、コントロールできないストレスも軽くなります。

4

## 大変な状況を察してくれない

×心が重くなるひとりごと

なんで察してくれないの？

○すっと軽くなるひとりごと

言わないとわからないよね

共通の文脈が十分でない場合は
言わないと伝わらない

「たくさん仕事を抱えているのに誰も手伝ってくれない……」。そんなとき、「なんで察してくれないの？」と思いますよね。「忙しそうですね、手伝います」「大変そうだね、代わろうか？」。配慮の言葉がないと、心の中でため息が出てしまいます。

察するコミュニケーションのことを「文脈依存」と言いますが、文脈とは話の背景や前後関係といった言語化されない情報のこと。「あれ、どこにいった？」「あれね、その辺じゃない？」のように「あれそれ」だけで会話が成立したり、「一」を言えば「十」を理解してくれたり。文脈に頼って話すことが多い日本語では、「細かく説明しなくても、なんとなく察してくれるよね」という暗黙の期待が生まれやすいのです。

とはいえ、**察してもらうには「共通の体験」が必要**になります。たとえば、仕事終わりに飲みに行ったり、プライベートでも付き合ったり、長く時間を共にすることで、察し合うための土台を育てなくてはなりません。**人間関係やコミュニケーションが希薄になっている昨今、言わずとも察してもらえる機会が減っているのは確か**でしょう。

いかに関係を深めても、結局は他人同士。伝わらないことは必ず出てきます。「なんで察してくれないの？」と思ったら「言わないとわからないよね」と切り替えてください。「察してほしい」という思いは脇に置いて、はっきりと言葉で伝えることです。「早く言えばよかったのに」と、案外すんなり受け取ってもらえるでしょう。

5

## あいさつをしない人がいる

×心が重くなるひとりごと

この人にはもう
あいさつしない

○すっと軽くなるひとりごと

自分のために
あいさつしよう

返事があろうとなかろうと
自分のためにあいさつをする

「あいさつしたのに返ってこない……」という経験、あなたにもありませんか？「聞こえなかったのかな」「集中していたんだろう」。一度や二度ならそうやって気持ちを収めることもできますが、何度もスルーされていれば、いい加減イヤな気分がするものです。「この人にはもうあいさつしない」と切り捨てたくもなるでしょう。

言うまでもなく、職場でのあいさつは基本的なマナー。「どうせ返ってこないし、言わなくていいか」。返事がないからといって、あなたもあいさつをしなければ、たとえ正当な理由があったとしても、ややもやざわ、どこか後ろめたい気持ちが湧いてくるものです。**そんなときは「自分のためにあいさつしよう」と言いかえてください。**

たとえば、牛丼屋のようなファーストフード店を出るとき、「ごちそうさまでした」と言っても店員さんがノーリアクションということはよくありますよね。それでもあいさつをする人がいるのはなぜなのか？ 単純な話、「食後のあいさつ」をしないのは自分が気持ち悪いからでしょう。**たとえ返ってこなくても、あいさつが社会のマナーなのは変わりませんし、マナー違反をすれば罪悪感が生まれるのは自然な反応**です。

職場のあいさつにも同じことが言えます。罪の意識を抱えないため、**あくまでも「自分のためのあいさつ」と割り切ってください。**牛丼屋を出るときのように、返事を期待せずに言ってみるのです。反応がどうあれ、罪の意識からは解放されるはずです。

6

## 雑談に入るのが難しい

×心が重くなるひとりごと

**どのタイミングで入ろう？**

○すっと軽くなるひとりごと

**無理に入らなくてもいいか**

雑談に夢中な人は気にしない、
空気のように過ごせばよい

ある女性からこんな相談を受けました。「雑談に入るタイミングがわからないんです。無理に入ろうとしてぎこちなくなるのもしんどくて……」。雑談が気分転換になることは確かです。でも**「頑張って入らないと」「どのタイミングで入ろう？」などと力んでいたら、逆にリラックスできず、むしろ気分が重くなってしまいます。**

小学校でやった「大なわ跳び」を覚えていますか？　クラスの皆に迷惑がかかるため引っかかるわけにはいきません。「うまく入らなければ」と、タイミングを見計らって足を踏み出したり引っ込めたり……。「力が入りすぎてむしろ失敗してしまった」という経験はあなたにもあるかもしれません。雑談の場合も同じ。入るタイミングを見誤ると、流れを邪魔して雰囲気を崩してしまう可能性があります。「うまく入らないと」「失敗しちゃいけない」と緊張すればするほど、会話がぎこちなくなるでしょう。

そんなときは、**「あえて雑談に入らない」という選択肢も検討してください。**そもそも雑談というのは、軽い気持ちから自然発生的に生じるもの。「スムーズに入らなければ」などと肩に力を入れてするものではありません。大丈夫。雑談している人たちはおしゃべりに夢中で、あなたが黙っていたとしても何とも思わないはずです。「どのタイミングで入ろうか」と思っても「無理に入らなくていいか」と言いかえてOK。割り切って透明人間のように過ごしていれば、気持ちも重くならずに済むでしょう。

7

## 同じ苦労話を何度もしてくる

×心が重くなるひとりごと

**またその話かよ、面倒だな**

○すっと軽くなるひとりごと

**思い出話に付き合ってやるか**

伝えるための話ではない、
ひとりごとに寄り添う感覚で付き合う

お酒の席などでこんな話を聞かされたことはありませんか？「俺が入社したときはこんなもんじゃなかった」「最初の担当者、めちゃくちゃ厳しい人でね」。苦労話や自慢話、過去の栄光など……。誰にでも忘れられない思い出話はあります。とはいえ、それを一方的に聞かされるのはしんどいものです。中には、同じ話を何度もしてくる人がいるかもしれません。「またこの話？」と思うと内心、うんざりしてきますよね。

そもそも**人はどうして過去の話をしたがるのか？　そのときの思いを自分の中で消化したり、意味づけしたりするため**です。たとえば、新入社員時代にあった取引先からの無茶ぶりについて語りながら、「当時はつらかった、でもおかげで今の自分があるんだ」と、苦労がムダではなかったことを確認しているのです。誰に話しているかはあまり重要ではありません。聞き役がいれば成立するわけですから、話した相手を覚えていないということもありえます。同じ話を何度も繰り返してしまうのはそのためでしょう。

「またその話かよ」と思っていると面倒な気持ちが顔に出たり、「前にも聞きました」と言ってしまったりして、気まずい雰囲気にもなりかねません。「聞いたことある」と思っても、「思い出話に付き合ってやるか」と切り替えてください。あなたに伝えようと思って話しているわけではありませんし、**ひとりごとにそっと寄り添うぐらいの感覚で十分。気持ちよく話してもらった方が、聞く側としても気が軽くなるもの**です。

8

# 上司と2人きりで気まずい

×心が重くなるひとりごと

何か話をしなければ……

○すっと軽くなるひとりごと

無理に話さなくてもいいか

「話さなければ」という思いが
気まずさの原因、無言で大丈夫

上司と2人きりの時間に気まずさを覚えたことはありませんか？　社内なら目の前の仕事に集中してやり過ごすこともできます。でも、得意先に車で同行したり、帰りの電車で一緒になったり、どうしても気まずい雰囲気を避けられない場合もあるでしょう。そんなとき、つい「何か話さなければ」と思ってしまいませんか？　**居心地の悪さに耐えかねて頑張って話そうとすれば、かえってバツの悪い雰囲気にもなりかねません。**

最近、美容院では、会話をしない「黙カット」のニーズが増えているそうです。ある調査によると、「黙カットを利用したい派」は年代問わず6割以上。理由の多くは「気まずさやプレッシャーから逃れられる」というものでした。無用な会話を避けたいと思っている人は意外と多いのです。あなたの上司も「黙って過ごしたい派」かもしれません。その場合、無理に話しかけるとむしろ気を遣わせてしまうことになります。

安心してください。「2人のとき、沈黙してはならない」というルールはありません。そもそも「しなければ」と強迫的に考えていると緊張で心は固くなりますし、そうやって焦れば焦るほど、自然な言葉は出てこなくなります。**気まずい雰囲気を生み出しているのは、あなた自身の焦りの気持ち**なのです。特に話題がないなら「無理に話さなくていいか」と割り切って大丈夫。強迫的な思いから解放されれば、いくらか心は軽くなります。そうすれば、自然な流れで話したいことがふっと浮かんでくるでしょう。

9

# 機嫌の悪い上司に話しかける

×心が重くなるひとりごと

**また何か言われたら イヤだな**

○すっと軽くなるひとりごと

**気にしないで 結論から話そう**

反応を気にすると回りくどくなる、
臆せず結論から話す

上司や同僚などで「どうも話しかけにくい……」という人はいませんか？ 当たりがキツかったり、イライラがにじみ出ていたり、眉間にしわが寄っていたりすると、話しかけるのもためらってしまいます。「よけいなこと言わないように」と慎重に話しかけても、機嫌がどう転ぶかはその人次第。どんなにソフトな話し方でも、「逆にそれが気に障る」という場合もあるかもしれません。他人の機嫌をコントロールすることはできないのです。台風などと同じように、**過ぎ去ってくれるのを待つのがベスト**でしょう。

できることがあるとしたら、**イライラの材料を提供しないこと**ぐらいです。相手の反応を気にしていると、こういう話し方になりませんか？「えっと、お時間なければ大丈夫なんですが……、お客様に聞かれたことがあって、相談した方がいいかと思ってですね……」。こんな回りくどく話されたら、誰だってイライラしてきますよね。

**話しかける際は相手の機嫌など気にせず、ずばり結論から話してください。**おどおど、びくびくして、本題が後回しになってしまうのは相手の反応を恐れているから。そうやって**ぐずぐずしていることが、不機嫌の火に油を注いでいる**のです。「また何か言われたら……？」と感じたときは、あえて「結論から話すことに集中しよう」と頭を切り替えてください。それによって相手の機嫌がどうなるかはわかりませんが、少なくとも自分にできることに意識を向けている限り、落ち着いた気分で話しかけられるはずです。

10

# 絶対に怒られる報告

×心が重くなるひとりごと

言い出しづらい、あとで言おう

○すっと軽くなるひとりごと

言い出しづらい、すぐに言おう

人は失敗よりも「失敗を隠そうとする姿勢」に怒りを感じる

「バッドニュースファースト」という言葉があります。文字通り、「悪い報告は一番に言いましょう」という意味ですが、**頭ではわかっていても、つい後回しにしてしまうことがあるもの**です。「これは絶対に怒られる、言い出しづらいから後にしよう」と先延ばしにすればするほど、切り出すのがおっくうになってしまいます。

アメリカの初代大統領、ジョージ・ワシントンの「桜の木の話」をご存知ですか？　ワシントン少年は「新しい斧の切れ味を試してみよう」と庭にあった桜の木を切ってしまいます。ところが、その桜は父親が大事にしていたもの。当然、帰ってきた父親は激怒するのですが、少年はためらいなく「やったのは僕です。ごめんなさい」と正直に謝りました。すると父親は、怒るどころか誠実に告白した彼を褒めたと言います。**人は、失敗そのものよりも「失敗をごまかそうとする姿勢」に怒りを覚えるもの**です。職場のバッドニュースも同じ。やってしまったことはどうしようもありませんが、それを誠実に打ち明けるか、先延ばしにするか、**「失敗に対する姿勢」はまだ選ぶことができます。**

もちろん、正直に話したからといって許されるかはわかりません。でも、少なくとも問題を1人で抱える苦しさからは解放されます。何かやってしまったときは、ずるずると報告を延期しないように。言い出しづらいならなおさら、「すぐに言おう」と席を立ってください。**褒められはしないまでも、上司の怒りを最小限に抑えられるはず**です。

# 11

## わからないことを聞きづらい

×心が重くなるひとりごと

**こんなことを聞いたらダメかな**

○すっと軽くなるひとりごと

**わからないままの方がダメだよね**

変なプライドで聞けないと
ずっと恥ずかしい思いが続く

中途入社したエンジニアの方がこんなことを言っていました。「わからないことがあっても聞きづらいんです。即戦力として入社したのに知らないとバカにされそうで……」。新人時代であれば素直に言い出せたのかもしれませんが、**経験を重ねると変なプライドが邪魔してさらっと聞けないときがあるもの**です。「これ聞いたらダメかな……」などと深刻に捉えていたら時間が経って、ますます聞きづらくなってしまうでしょう。

確かに、無知な自分をさらけ出すには多少の勇気がいります。とはいえ、昔から言われるように「聞くは一時の恥、聞かぬは一生の恥」。**そのときに確認すれば、恥ずかしさも一瞬で終わりますが、延期すればするほど、恥の感覚を長く味わうことになります。**実際、知らないことそのものは、それほど恥ずかしいことではありません。恥ずべきものがあるとしたら、知らない自分と向き合えず、それを隠そうとする姿勢です。

**何かを知らないこと、わからないこと自体は、罪でも悪でもありません。でも、わからないことを知ったかぶりした場合、それは完全にあなたの落ち度。**そのまま放置して一番困るのは、結局あなた自身です。「こんなこと聞いたらダメかな」と思っても、「いや、聞かずにわからない方がダメだよね」と頭の中で言いかえて、ストレートに尋ねてみてください。きっと周りの方もきちんと教えてくれるはずです。少なくとも「聞くのは恥じゃない」とわかれば、「聞きづらい」という思いもなくなるでしょう。

12

# 仕事を教えてもらえない

×心が重くなるひとりごと

**わざと教えてくれないのか？**

○すっと軽くなるひとりごと

**気を遣ってくれているのかもしれない**

「何がわからないか」がわからない
可能性大、自分から聞く

部署を異動して間もない方がこんなことを言っていました。「仕事の内容も前の職場とはまったく違うものなのに、最初に少し教えてもらったきりで、あとは放置です。なぜちゃんと教えてくれないんでしょうか……?」。部署が変わればほとんどゼロからのスタートです。知らないこと、わからないことばかりだと困惑してしまいますよね。

たとえば、異動した先で先輩からパソコンの起動方法を懇切丁寧に教えてもらったとします。「え、そんなこと知らないとでも?」と、バカにされたように感じるかもしれません。すでに知っていることを諭されると誰しもイヤな気がするもの。いわゆる「釈迦に説法」や「河童に泳ぎを教える」というヤツです。**私たちは、それが失礼な行為であることを知っています。一から十まで教えてくれないのはそのためかもしれません。**

あなたが異動先の仕事を知らなかったのと同じように、先輩もあなたがしていた仕事を知らない可能性は大いにあります。こういうときに**大切なのは、相手の振る舞いに悪意を見出さないこと。**「わざと教えてくれないのか?」などと邪推していたらしんどくなりますが、実際のところ、**ほとんどは「何がわからないか」がわからないだけ**なのです。「気を遣ってくれているのかも」と思えば、少しは心も軽くなります。その上で「ここまでは知っていますが、この先はわからなくて」と、はっきり言葉で伝えてあげてください。「ああ、そうだったんですね」と案外さらっと教えてくれるはずです。

13

## 明らかに相手の間違い

×心が重くなるひとりごと

**絶対、私の方が正しいのに！**

○すっと軽くなるひとりごと

**この人にとっての正しさは何か？**

「その人の主観的な正しさ」を
理解してあげること

正しさというのは人それぞれ。10人いれば10通りの正しさがあります。たとえば、どう見ても疲れている同僚に「少し休んだら？」と言ったらなぜかむすっとされたり、「この商品の販促にはSNSが向いている」という提案に「そうじゃない！」と反論されたり。職場では自分が思う正しさが受け入れられないことはよくあります。

「あの人は間違っている」「絶対に私が正しいのに」。そんな風に思ってしまうと、どうしても「相手の間違いを正してやりたい」という思いが湧いてきます。**他人の意見や考えを変えようとすればするほど、心はだんだん疲れてくる**でしょう。

**相手があなたの意見を受け入れないのは、その人も「正しさ」を持っているから**です。

「少しぐらい疲れていても、リーダーの自分が休んでいる場合じゃない」「過去の経験からすると、既存の顧客訪問の方が効果的なのに」などのように、立場や経験によってそれぞれ持っている正しさは異なるもの。**「正しい」と思う内容が違うだけで、それを譲りたくない思い、主張したい気持ちはあなたと何ら変わらない**のです。

「絶対的に正しいこと」なんて世の中多くはありません。正しさにこだわって主張し合っても心が疲れるだけ。「私の方が正しいのに」と思ったときほど、「この人にとっての正しさは何か？」と視点を切り替えてください。「理解したい」という気持ちは自然と伝わりますし、相手もあなたの正しさに興味を持ってくれるはずです。

## 14

# 仕事を教えた人のミスが気になる

×心が重くなるひとりごと

**あ〜、だから言ったのに**

○すっと軽くなるひとりごと

**ミスの責任を取るのは本人**

一人前の存在として
相手の責任能力を認めてあげる

業務を引き継いだ後輩や後任の方が何かミスをしたとき、「自分のせいだ」と感じることはありませんか？　確かに、あなたの説明が間違っていたのであれば、ミスの責任はあなたにあります。でも、きちんと教えたのに間違ったのだとしたら、あなたのせいではありません。**ミスなく進められるかは、あくまでも本人の責任**です。「また間違っていないか？」などとちらちら気にしていれば、心が重くなってしまうでしょう。

先日、ファミレスで走り回っている子どもがいたのですが、その際、軽くぶつかってコーヒーを少しこぼしてしまいました。すぐさま母親が飛んできて「すみません！　大丈夫ですか？」と謝ってくれたのですが、ぶつかったのは子どもの方であり、母親が悪いわけではありません。なぜ子どもの代わりに親が謝るのでしょうか？　それは「子どもには責任能力がない」と思っているからでしょう。不手際をしてしまったのが大人、たとえば友達であれば、代わって謝ったり責任を感じたりすることもないはずです。

後輩や後任の方のミスについても同じことが言えます。**自分のせいのように感じるのは、一人前の存在として見ていないから。**「責任能力がない」と見下しているようなものですから、失礼な話なのです。何かやらかした場合でも、「だから言ったのに」などと子ども扱いせず、「責任を取るのは本人」とあえて距離を取ってください。「自分で何とかする」と思えれば、代わりに責任を感じることもなくなります。

て挑戦できない

# part 4 失敗が怖く

「失敗を恐れず挑戦しよう」というのはよく耳にする話です。確かに、何かができるようになるにはそれを学ぶ必要がありますし、学ぶためには、ある程度失敗を重ねなければなりません。うまくいかないことは誰にとっても恐ろしいものです。だからといって挑戦しなければ、成長も上達も見込めなくなってしまいます。

ある陶芸教室でこんな実験が行われました。まず生徒は「量」で評価されるグループと「質」で評価されるグループの2つに分けられます。前者の評価基準は量、制作した陶芸の総重量です。一方の後者は質、単純に陶芸の良し悪しで評価されます。結果、より質の高い作品を作ったのはどちらだったのか？　なんと「量」で評価されたグループの生徒だったのです。質グループの方はよいものを作ろうとするあまり、無意識のうちに失敗を遠ざけてしまったのでしょう。それでは学びが得られませんし、よいものも作れません。一方、量グループに求められたのはとにかく挑戦すること。何度も失敗し、試行錯誤を繰り返した結果、自然と作品作りも上手になったということでしょう。

失敗を「悪いもの」と思っているとどうしてもそれを避けてしまいますが、それでは成長や上達まで遠ざけてしまいます。大切なのは「失敗は悪い」という前提をいかにしてひっくり返すか。「失敗はあって自然なもの」とわかれば、恐怖も和らぐはずです。挑戦をためらう気持ちが湧いたときの言いかえパターンを見ていきましょう。

1

## 大きな失敗をしてしまった

×心が重くなるひとりごと

また失敗してしまった……

○すっと軽くなるひとりごと

この失敗をどう活かすか

失敗から学びを得たのなら
それはもう失敗ではない

仕事には失敗がつきものです。そう頭でわかっていても簡単には割り切れないもの。一所懸命に取り組んできた分だけ失敗はあなたの心を打ち砕きます。「また失敗してしまった……」と気持ちが折れてしまえば、立ち上がるのが怖くなるでしょう。

物理学者、アインシュタインの言葉です。**「失敗したことがない人は挑戦したことがない人だ」。**最初からうまくできることなんてほとんどありません。たとえば、自転車に乗ることでさえそうです。すいすい乗れるようになるには何度も痛い思いをすることになりますが、転ぶのを恐れて練習しなければ、ずっと乗れないままでしょう。

**失敗とは自身の限界に挑戦しているからこそ起きること。**うまくいくのに越したことはないですが、それよりも大切なのは「失敗という現象をどう捉えるか?」です。悪いこと、ダメなことだと思っていると、心がすくんで立ち上がれなくなりますが、もっとうまくやるための学びだと捉えれば、また挑戦する気持ちが湧いてきます。

残念ながら、失敗そのものを避けて通ることはできません。そこはもう前向きに諦めてください。でも、**失敗によって心を折るかどうか、挫折するかどうかはあなた次第。**「ああ、またやってしまった」と嘆きの時間があるのは構いません。それが終わったら「この失敗をどう活かすか?」と頭を切り替えてください。本当の失敗とは、失敗から何も学ばないこと。**そこから学びを得たのなら、それはもう失敗ではない**のです。

## 2

## うまくできそうにないこと

×心が重くなるひとりごと

**絶対、失敗しないように**

○すっと軽くなるひとりごと

**上手に失敗すればいい**

「早く失敗し、早く学ぶ」、
失敗を過度に避ける必要はない

「うまくできそうにない……」と思うこと、ありませんか？　研修を終えたばかりの新入社員の方がこんなことを言っていました。「電話応対が不安です。真っ先に電話を取るのが新人の仕事と言われましたが、正直うまくできる気がしません……」。確かに、慣れないうちの電話応対はやたらと緊張するものです。名前や社名が聞き取れなくてパニックになったり、周りの先輩が聞き耳を立てている気がしたり、不安要素はいくらでもあるでしょう。**「失敗しないように」と力んでいたら気が重くなるのは当然**です。

どこかで「失敗してはいけない」と思っていないでしょうか？「fail fast and learn fast（早く失敗し、早く学ぶ）」という言葉があります。普通に考えれば「失敗、イコール悪いもの」なので、私たちは無意識に失敗を遠ざけようとします。でも実際のところは、**どんなことでも失敗から学びを得るのが上達への最短ルート**。むやみに失敗を避けようとするよりも、**「失敗から学ぶこと」に重きを置いた方が成長は早い**のです。

もちろん、わざわざ失敗する必要はありませんが、かといって失敗を恐れる必要もありません。電話応対に限らず、何であれ最初からうまくできる必要はないのです。一足飛びにうまくやろうと考えていると、よけいに遠回りすることになります。うまくできないことに直面したら、練習だと思って「上手に失敗すればいい」と気楽に取り組んでください。そうやって力を抜いた方が、案外うまくいってしまうものです。

## 3

# 失敗が続いてしまった

✕心が重くなるひとりごと

**いつも（絶対・必ず）失敗する**

○すっと軽くなるひとりごと

**たまたま失敗が続いただけだよね**

「いつも」や「必ず」は
一般化のサイン、法則を作らない

「いつもうまくいかない」「必ず邪魔が入る」「何をやっても絶対失敗する」。たまたまうまくいかなかっただけなのに、まるでそれが必然的なことのように感じてしまった経験はないでしょうか？「どうせまたうまくいかないし……」などと投げやりな気持ちで取り組んでいたら、本当にうまくいかなくなってしまいます。

子どもがおもちゃやゲームをねだる際、「みんな持ってるよ！」と言うのを聞いたことはありませんか？「みんなって誰？」と聞くとたいてい数人なのですが、**自分にとって大事なことほど頭の中で大きく感じてしまう**のでしょう。こういう認知バイアスを「一般化」と言います。たとえば、偶然による失敗なのに「大事なときは『いつも』ミスする」と感じたり、一度冷たくされただけで「どこへ行っても『必ず』嫌われる」と思ったり、何か法則でもあるかのような、極端な言葉で認識してしまうのです。

**「いつも」「必ず」「絶対に」「みんな」「全部」……。こういった言葉が浮かんできたら、それはあなたの中で一般化が起きているサイン。**実際に「いつも」「必ず」「絶対に」それが起きているわけではない、ということを思い出してください。「そう感じるのは錯覚」と割り切って大丈夫。「自分の中で大きく感じているだけか」「たまたま失敗が続いただけだよね」と客観的な視点に戻ってくることです。一般化の呪いが解ければ、実際はそれほど問題でないことがわかるため、自然と気持ちも軽くなります。

4

# なかなか習慣が続かない

×心が重くなるひとりごと

**続けられない自分はダメだ**

○すっと軽くなるひとりごと

**始められたのはいいことだ**

続けることは大切だが
始めることはもっと大切

専門知識の勉強や早起きの習慣、ジムに通うことなど、どんな分野でも毎日コツコツ続けることは大切です。でも、そうわかっていたとしても、実際に続けるのは簡単ではありません。「今度こそ続けよう！」。最初は意欲に燃えていたとしても、そういった熱はだんだん冷めてくるもの。面倒になって途中でやめたくなるかもしれません。そんなとき、「続けられない自分はダメだ……」などと自己否定していませんか？

確かに、習慣が続くのに越したことはありません。だからといって「続けないとダメ」というのは極端です。私自身、たくさんの習慣にチャレンジしてきましたが、その中で生き残っているのはごくわずか。続かなかったことをいちいち反省する必要はないでしょう。継続が大切であることは間違いありませんが、**続くかどうかを気にして始めない方が問題**です。カール・ヒルティは『幸福論』の中でこう言っています。「何より大切なのは、思い切ってやり始めることだ」。続くかどうかは結果論、やってみなくてはわかりません。**「続けること」も大切ですが、「始めること」の方がより大切**なのです。

何かを始める際、「また続かなかったら……？」と気に病む必要はありませんし、もし続かなかったとしても、後悔したり自分を責めたりする必要もありません。代わりに「始めることができた」という事実を前向きに捉えてみてください。挑戦できた自分を認めることができれば、変に自己否定して落ち込むこともなくなります。

## 5

# とにかく自信がない

×心が重くなるひとりごと

どうすれば自信が持てるか？

○すっと軽くなるひとりごと

自信がないけどやってみよう

**自信とは行動や挑戦の結果、自信を目的にしない**

どうやっても自信が湧いてこないときはあるものです。「自信がない」とは、自分の選択や判断を信じられないという状態。「何か間違っているのでは？」と、とにかく自分を疑ってしまうでしょう。前に進むのが恐ろしくなり、立ち止まってしまうかもしれません。そんなとき、「どうしたら自信を持てるのか？」と考えていませんか？

「そこにあるペンを持って」と言われたら誰でも持つことができます。でも、同じようなノリで「自信を持って」と言われても、「それができたら苦労しない……」と思うのが普通でしょう。**自信とは「持とう」と思って持てるようなものではありません。**そうできない自分を責めていると、よけいに自信が持てなくなってしまいます。

**自信というのは、やるべきことをやってきた結果。あくまでも「行動の結果」として後から付いてくるもの**です。「自信が持てるようになったらやろう」と思っていると、永遠にその場で立ち尽くすことになります。この「自信のワナ」にハマらないために**大切なのは、自信があろうとなかろうと、とりあえず行動を起こしてしまうこと。**

「自信待ち」をしていても、向こうからやってくることはありません。一歩踏み出すのにためらうようなときほど、「自信がなくてもやってみよう」と行動を起こしてみてください。たとえうまくいかなくても、そこには必ず学びがあります。その学びを愚直に拾い続けることです。そうすれば自然と、心の底から自分を信じられるようになります。

6

## よけいな一言を言ってしまった

×心が重くなるひとりごと

なぜあんなことを言ったのか

○すっと軽くなるひとりごと

大丈夫、どうせ誰も聞いてない

人は自分のことで頭がいっぱい、
誰も気にしていない

「よけいな一言を言ってしまったかも……」と不安になること、ありませんか？「イヤな思いをさせたかもしれない」「変に思われたんじゃないか」。発言を取り消したくなっても口に出してしまったことはどうしようもありません。**「なぜあんなことを言ったんだろう……」などとぐるぐる考えていれば、際限なく悩んでしまいます。**

たとえば、会議の場などで一言ずつコメントする状況をイメージしてください。「いい感じのことを言わなければ」と緊張しますよね。さて、順番が回ってくるまでどんなことを考えて過ごすでしょうか？おそらく「自分が何を話すか？」を考えるはず。自分の番が終わった後も「あれでよかったのか？」と、もやもやしてしまうかもしれません。そうやって自分の発言が気になるのは他の方も同じ。要するに、**誰も他人の発言など聞いていない**のです。「聞いていない」というとさすがに言いすぎかもしれませんが、少なくとも、一言一句、真剣に耳を傾けているわけではないでしょう。大丈夫です。仮にあなたの言葉が失言だったとしても、十中八九、誰もそれを気にしていません。

人は、自分に自信がないときほど心が敏感になるもの。客観的には何ということのない言葉でも、「マズかったかな……」と疑ってしまうのです。「なぜあんなことを言ってしまったのか」と気になり始めたら、「どうせ誰も聞いていない」と受け流してください。**必要以上に不安になっていることに気がつけば、心の重みも取れるはず**です。

# 7

## 大事な仕事の結果待ち

×心が重くなるひとりごと

もしダメだったらどうしよう？

○すっと軽くなるひとりごと

気にしてもしなくても結果は同じ

「絶対に大丈夫」という保証を求めすぎると不安になる

大事な仕事が終わって結果待ちをしているとき、「うまくいくかな」と心配になることはありませんか？「こないだのプレゼン、結果どうなんだろう？」「先週受けた資格試験、合格してるかな」「もしダメだったらどうしよう……」。もう終わったことであれば、今から考えても仕方ありません。どっしり構えて吉報を待てばよいのですが、そうわかっていても「本当に大丈夫かな……？」とそわそわしてしまいます。

電化製品を買うと「保証書」が付いてきますよね。保証書とは文字通り、製品の安全性やサポートを保証するもの。もし保証がなければ、「大丈夫か？」と不安になってしまうでしょう。**人は自覚なく保証、つまり「絶対に大丈夫」のお墨付きを求めるところがあります。**家電ならメーカーが保証してくれますが、仕事の結果を誰かが保証してくれることはありません。どんなに頑張ったことでも一抹の不安は残るのです。

「できることはやり切った」。ならば、後は成り行きに任せて忘れてしまいましょう。いくら悩んでも、これから何かできるわけではありません。明日の天気を気にして過ごすのと同じ。**考えても考えなくても結果というのは変わらない**のです。ならば、忘れて穏やかに過ごしても支障はないでしょう。そわそわするかもしれませんが、「気にしてもしなくても同じ」と頭から追い出してください。**「絶対に大丈夫」という保証を求めすぎないように。**そうすれば、結果待ちの時間も落ち着いて過ごせるはずです。

8

## 期待をかけられている

×心が重くなるひとりごと

**期待に応えなければ……**

○すっと軽くなるひとりごと

**できることをやり切ろう**

結果は結果的なもの、
期待の言葉は深刻に受け止めない

ある男性会社員がこんな風に言っていました。「昨年大きな契約が取れて、今年も期待されているんですが、あまり結果が出ていなくて……、期待の言葉を重荷に感じてしまいますね……」。誰しも、期待をかけられて悪い気はしないものですが、どんなに頑張っても結果が伴わないこともあるでしょう。**「期待に応えなければ」と深刻に受け止めていると、プレッシャーに押しつぶされそうになる**かもしれません。

結果とは文字通り、結果的に出るものです。**あなたにどうにかできるのは「結果そのもの」ではなく、「結果に向けた行為」まで。**もちろん、できることをやり切った上で、ですが、「結果が出るかどうかはまた別の話」と割り切って構いません。

心理学者のアドラーはこう言っています。「あなたは他者の期待を満たすために生きているのではない。他者もまたあなたの期待を満たすために生きているのではない」。期待通りにならないのはお互い様ということです。そのことがわかれば、「絶対に応えなければ……」という強迫的な思いも、少しは軽くなるのではないでしょうか？

**他人が何を期待するかはその人の自由です。期待の気持ちを侵害する権利はありませんが、だからといって、それに応える義務もありません。**期待の言葉を重く感じても、あまり深刻に考えないでください。「できることをやり切ろう」と、目の前のことに集中していれば、プレッシャーでしんどくなることもないはずです。

9

# 挑戦したいけど年齢がネック

×心が重くなるひとりごと

これから始めても遅いよね

○すっと軽くなるひとりごと

今日が人生で一番若い日だ

年齢は何かに
挑戦できない理由にはならない

何かに挑戦しようとして「この歳じゃ無理」「今からやっても遅いよね」と、年齢を理由に諦めてしまったことはありませんか？「年齢なんてただの数字」と、頭ではわかっていても、どうしても尻込みしてしまうこともあるでしょう。でも、今から若くなることはないのです。**歳を理由にしていると、可能性や選択肢は確実に狭くなっていきます。**未来に希望を持てなくなって、気持ちが重くなるのもムリはありません。

日清食品の創業者、安藤百福が事業を始めたのは48歳のとき。勤めていた信用金庫が破綻して職を失った後、1人でひっそりとインスタントラーメンの研究をしていたそうです。決して早い年齢のスタートではありません。他にも、レイ・クロックがマクドナルドを創業したのは55歳、カーネル・サンダースがケンタッキーフライドチキンを始めたのは65歳です。サンダースは「始めるのに遅すぎることはない」と言っていますが、実際、**年齢というのは何かに挑戦できない理由にはならない**のです。

人間、弱気なときほどできない理由を探したくなります。年齢は数字で見える分、挑戦しない言い訳として都合がよいのでしょう。でもそれは、自分の可能性に自分でフタをするようなもの。本当はやればできることまで切り捨ててしまうのはもったいない。「今からじゃ遅いかな」と思っても、「今日が一番若い日だ」と気持ちを切り替えてください。実際、始めてしまえば、年齢など関係なかったことに気づくはずです。

10

## まったく未経験の仕事

×心が重くなるひとりごと

**無理、絶対できない**

○すっと軽くなるひとりごと

**やり続ければできる**

大切なのはできるための歩みを
止めないこと

ある若手社員の方がこう言っていました。「まったく未経験の部署に移動することになって、自分にはできないと思うと今から憂うつです……」。やったことがない仕事を前に気が進まないのはわかりますが、**無理だと思って取り組んでいれば、心は確実に重くなります。**そんな心境では、本来できることもできなくなってしまうでしょう。

フォードの創業者、ヘンリー・フォードの言葉です。「できると思えばできる。できないと思えばできない。どちらにしても本人次第だ」。「願えば叶う」という意味ではありません。少し補足するとこうなるでしょう。「できると思っている人はやり続けるため、できるようになる。できないと思っている人は途中で止める、ゆえにできない」。実際、それができるかどうかには外的要因が関わるため、さすがに本人次第とは言えません。でも、**「できると思うかどうか」、内面的なものであれば確かに本人次第。**

多くの人はどうしても結果に目が向いてしまうため、達成できなかった場合の痛みに備えて無意識に力を抜いたり、諦めの気持ちが生まれたりするのです。**本当に大切なのは結果そのものよりも、結果に向けた歩みを止めないこと。**「自分には難しい」「絶対できない」と感じても「やり続ければできる」と言いかえて、与えられた役割に打ち込んでください。目の前の仕事に没頭している間はしんどくならずに済みますし、歩みを止めさえしなければ、たいていのことはいずれできるようになるものです。

# 11

## 自分には荷が重い仕事

×心が重くなるひとりごと

**〇〇だからできない**

〇すっと軽くなるひとりごと

**どうすればできるか？**

自信がないときほど
「できない理由」が見つかってしまうもの

経験のない仕事を任されたり、大きな得意先を引き継いだり、「自分にとって荷が重い」と感じる仕事が回ってくることがあります。そんなとき、つい気持ちが逃げ腰になることはありませんか？「この納期でやるのは無理でしょ」「あの顧客とはうまくいかない」。**弱気になればなるほど「できない理由」が見つかるもの**です。

学生時代、テスト直前なのに掃除をしたり片づけをしたり、「なかなか勉強を始められなかった」という経験はありませんか？私自身、「散らかっていると集中できない」と整理整頓していましたが、よく考えれば、同じ部屋でマンガやゲームに集中できていたのです。どんなに周囲が散らかっていようと、それは集中できない理由にはなりません。単純な話、「勉強に向き合いたくなかった」というのが本音でしょう。

**人は、やりたくないことに直面したとき、それをしなくて済む理由を無意識に探します。**「アレがないからできない」「コレが足りないから無理」。周りを見渡せば、不利な条件などいくらでも見つかるでしょう。でも、いくら難しいからといって、それは「できない理由」ではないのです。挑戦しない理由にいつまでもしがみついていれば、心が苦しくなるのは当たり前。**「なぜできないか？」ではなく「どうすればできるか？」と問いを変えてみてください。**大丈夫。「できない理由」が簡単に見つかるのと同じように、気持ちが前を向きさえすれば、ちゃんと「できる方法」が見えてくるものです。

# 12

## なぜかトラブルが続く

×心が重くなるひとりごと

なぜ悪いことが
続くのか？

○すっと軽くなるひとりごと

偶然たまたま
重なっただけ

問題が重なると
災難が続くような気がしてしまうもの

同じようなクレームが続いたり、凡ミスがトラブルに発展したり、疲れているときに限って問題が起きたり……。不思議と「悪いこと」が続いた経験はありませんか？ そんなとき、「なぜ災難が続くんだろう？」と考えてしまいがちですが、そうやって**物事の連続性に目を向けてしまうと、そこに法則でもあるような気がしてきます。**「また何か起きるのでは？」と感じるため、さらに気持ちが重くなってしまうかもしれません。

たとえば、「急いでいるときほど毎回赤信号に捕まる」と感じたことはありませんか？ **人は、ポジティブな情報よりもネガティブな情報に注目します。**実際は、ずっと青信号でスムーズに進めたこともあったはずですが、そういう経験はあまり印象に残りません。ゆえに「いつも赤信号」のような気がするのです。仕事の場面でも、どうしても悪いことに意識が向くため、「災難ばかり……」のように錯覚してしまうのでしょう。

とはいえ、**「また何かあるかも」とびくびくしていたら心が疲れてしまいます。**焦りや不安の気持ちが強くなれば、普段ならありえないようなミスをしてしまうかもしれません。トラブルが重なったときでも、「なぜ悪いことが続くのか？」などとあまり考えを深めたりせず、「偶然たまたま重なっただけ」と客観的な判断に戻ってきてください。**落ち着いて振り返ってみれば、トラブル以外の「青信号」も見えてきます。**悪いことが続くわけではないとわかれば、自然と気分も軽くなってくるでしょう。

# 13

## 大事な選択で迷っている

×心が重くなるひとりごと

どっちの道が正解なのか？

○すっと軽くなるひとりごと

どっちの道が納得できるか？

正解を選ぶことより
選んだ道を正解にする方が大事

ある男性からこう相談されました。「転職するべきか迷っています。今の会社は決して悪くないんですが、本当は別にやりたい仕事があって、転職するかどうか、どっちが正解だと思いますか?」。仕事や人生には、大きな選択をしなければならないときがあります。メリット、デメリットを並べてみても、簡単に結論は出ないものです。**「どちらが正解か?」と考えていると、永遠に迷路から抜け出せなくなってしまいます。**

誰しも「選択を間違ってしまった……」などと後悔はしたくないもの。でも実際は、人生の選択に「正解」も「不正解」もありません。というのも、どんな道を選んでも不本意なことは必ず起きるからです。たとえ希望の仕事でも、1つや2つ「こんなはずでは……」と不満に思うことはあるでしょう。**後悔しないための必要条件があるとしたら、それは「正解を選んだかどうか」ではなく、「納得して決めたかどうか」**です。

「よし、こっちで行こう」と自分で決めた道なら、覚悟も決まります。多少の不満があっても、それを成長の機会と捉えたり満足できる部分を探したり、後悔しないための努力を積極的にしようと思うでしょう。**正解を選ぼうとすることも大事ですが、選んだ道を正解にしていくことはもっと大事。**大きな選択で迷ったときほど安易に正解を求めず、しっかりと迷ってください。いずれ必ず「こっちの方が後悔しない」と結論は出てきます。自分の腹から出た答えであれば、すっきりした気持ちで前に進めるはずです。

# ちょっと不安定

# part 5 メンタルが

心の状態が不安定になることは誰にでもあります。単純な話、物事がうまくいっているときは安定しますし、そうでないときは不安定になる。たいていの人はそんなものです。憂うつや不安、緊張、焦り、イライラ……、時には激しい感情に振り回されてしまうことがあるかもしれません。心が不安定なときはどう考えるべきなのか？

数学者、哲学者でもあるパスカルの言葉がわかりやすいでしょう。「感情は理性の知らない、それ自身の理屈を持っている」。感情とは人が自分の意志で「感じている」わけではなく、あくまでもそう「感じてしまう」もの。憂うつや不安の波が不快なのは確かですが、だからといって都合よく消したり抑えたり、人の意志で安定させられるものではないのです。では何もできないかというと、そんなことはありません。

感情が動いて心が不安定になるのにも必ず意味があります。大切なのは、そう感じてしまった必然性を理解すること。そのためには自然な感情を否定しないことが大前提。たとえば、「不安になってはダメ」と押さえつけず、「何のために不安が湧いたのか？」と自問してみてください。不安定になっている意味がわかるだけで、激しくなっていた感情の波も安定してきます。ネガティブ感情といっても、決して「悪い」という意味ではありません。「よくないもの」という認識が和らげば、否定する気持ちも和らぎます。今回は、自然な感情を認めるための言いかえパターンを見ていきましょう。

1

## ついネガティブ思考に

×心が重くなるひとりごと

もっとポジティブに考えなければ

○すっと軽くなるひとりごと

無理にポジティブに考えなくていい

「ネガティブはよくない」という
発想自体がネガティブ

いつも明るく元気で前向き、笑顔を絶やさないポジティブな人は気持ちいいですよね。「自分もあんな風になりたいな」と思っても、実際はなかなかうまくいかないものです。上司からミスを指摘されて落ち込んだり、「このままじゃダメ」と後ろ向きに考えたりと、明るく前向きな自分ではいられない瞬間は必ずやってきます。そんなとき、「もっとポジティブに考えなければ……」と自分のことを追い詰めていませんか？

もちろん、ポジティブでいられるのに越したことはありません。でも、だからといって**「ポジティブでなければ」というのは言いすぎ**です。職場にはむしろネガティブに考えるべき状況があります。たとえば、重要な仕事で「最悪の可能性」に備えておくことは大切です。あらゆるリスクを想定し、あれこれ悩むのは楽しい時間ではないでしょう。とはいえ、楽観的に考えていたら万が一の場合に困ってしまいます。「いつでもポジティブに考えなくてはいけない」というのは、少々危険な思想なのです。

**ポジティブが前に進むためのアクセルだとしたら、ネガティブは止まるためのブレーキです。どちらも大切な機能であり、両者に優劣はありません。**「ネガティブ思考はよくない」という発想そのものが最大のネガティブ。明るく前向きに考えられないときがあっても大丈夫です。「無理にポジティブになる必要はない」ことを思い出してください。自然なネガティブを肯定できれば、自分を追い詰めることもなくなります。

## 2

# なかなかやる気が出ない

×心が重くなるひとりごと

**どうすれば**
**やる気が出るか？**

○すっと軽くなるひとりごと

**今日はもうやらない**

**本当のやる気は**
**決してねつ造することはできない**

いまいちやる気が出ないときは誰にでもあります。そんなとき、「どうすればやる気が出るか？」と考えていませんか？ 本来、**やる気というのは「無理に出すもの」ではなく「自然と出るもの」。**「出そう」と思って出るような代物ではありません。結局、何をやってもやる気が出てこない自分を責めることになりがちです。

なぜやる気が出ないのかというと、単純に「やりたくないから」でしょう。たとえば、あなたが読みたい本であれば、「読もう」と意識しなくても自然と読んでしまうもの。ですが、「読みたい」がなければ、どんなにすばらしい本でも「読む気」は湧いてきませんし、むしろ苦痛すら感じるかもしれません。**本当のやる気をねつ造することはできない**のです。**無理やり引き出した「やる気もどき」では続かないのも当然**です。

とはいえ、やりたくなくてもやるべきことは多くあります。よく言われるように、とにかく最初の一歩を行動に移してみることは大切。ですが、それさえやる気が出ないというときは「今日はもうやらない」と割り切るのも1つでしょう。「いや、そんなわけには……」と思うかもしれませんが、失礼な話、どうせやらないのです。ならば、**やる気を出そうとしてじたばたするよりも、「やらない」と自分で決めて延期した方が心穏やかに過ごせます。**やりたいと思えないのは、ただ単に疲れが原因であることは少なくありません。少し距離を空けることで、自然とやる気が回復することもあるものです。

3

## 大事な仕事の前に不安になる

×心が重くなるひとりごと

**不安になってはいけない**

○すっと軽くなるひとりごと

**不安になるのは自然だね**

不安の警告を無視していると
不安はさらに大きくなる

「ちゃんとできるかどうか心配」「もしうまくいかなかったら……」「失敗したらどうしよう」。大事な仕事の前に不安を覚えるのはおかしなことではありません。「いつも通り、リラックスしてやれば大丈夫」と頭ではわかっていても、実際、「なかなか気持ちがついてこない」ということが多いはずです。そんなとき、「不安になってはダメ」と考えてはいませんか？ 残念ながら、**不安は止めようと思って止められるものではありませんし、自然な感情を否定していたら、気が重くなるのは当然**でしょう。

**不安とは、未来の危険に備えるための、言わば「警告信号」**です。例えるなら、崖の手前に立っている警告看板のようなもの。要するに、「そのまま進むと危ないよ」と教えてくれているのです。今の時点できちんと対処すれば崖には落ちない、つまり問題は起きません。でも、何もしなければ警告音、つまり不安はどんどん大きくなっていきます。**不安そのものがダメなのではなく、本当にダメなのは不安の警告をスルーしてしまうこと。**まずは不安になってしまった自分を否定しないことが大前提です。

どうでもいいことに不安の感情は湧いてきません。あなたにとって大事なことであり、うまくやろうと真剣に考えているからこそ気になるのです。「不安になってはいけない」と否定するのではなく、「不安になるのは自然だね」といったん感情を受け止めてください。悪いものではないことが腑に落ちれば、不安を大きくせずに済みます。

# 4

## ささいなことで落ち込んだ

×心が重くなるひとりごと

**なんてメンタルが弱いんだろう**

○すっと軽くなるひとりごと

**落ち込むのは悪いことじゃない**

本当の問題は弱さではなく
弱さを否定していること

送ったメールに誤字を見つけたり、会話がうまくかみ合わなかったり、ちょっとしたミスを指摘されたり、ささいな出来事でどんより落ち込んでしまうことはあるものです。「大したことじゃない」とわかっていても、なかなか気持ちが晴れないこともあります。そんなとき、「私はなんてメンタル弱いんだ……」と自分を責めてはいませんか？　そんな風に思っていたら、さらに気持ちが沈んでしまってもムリはありません。

「落ち込みやすい」とは、どちらかと言えば「弱い側」の要素でしょう。でも、**「弱い」からと言って、イコール「悪い」とは違います。**たとえば、財布を失くして落ち込むのは悪いことかというと、そんなことはないですよね。落ち込みが激しければ激しいほど、猛烈に反省することになります。「もう二度と落とさないように」と工夫を凝らすのは、しっかり落ち込んだから。**落ち込みとは、同じ間違いを繰り返さないための「必要悪」**です。小さなことで落ち込めるのは「成長できる人の特徴」とも言えます。

繊細さや敏感さ、不安になりやすいこと……。一般的に「メンタルの弱さ」として否定されがちなこれらの要素にも、必ず役に立つ側面があります。**本当の問題は、弱さそのものではなく、弱さを否定していること。**落ち込んでしまった自分を「弱い」と責めるのではなく、「落ち込むのは悪いことじゃない」と自然な弱さを認めてみてください。必要以上に自分のことを責めなければ、気持ちの落ち込みも最小限で済むはずです。

5

# 人前に立つと緊張してしまう

×心が重くなるひとりごと

緊張してはいけない

○すっと軽くなるひとりごと

緊張しなくても
大丈夫

緊張している自分を認めると
不思議と緊張が和らぐ

「人前に立つと緊張してしまう」という方は少なくありません。というか、言わないだけで、ほとんどの方は大なり小なり緊張しているものです。話すことが飛んでしまったり、やたらと早口になったり、声がうわずってしまったり……。そんなとき、「緊張しないように」「緊張してはいけない」と心の中でつぶやいていませんか？

**緊張というのは、何かに対処するための心身の準備**です。たとえば、山を歩いていてばったりクマに遭遇してしまったとします。逃げるにせよ戦うにせよ、いずれにしても手足を動かさなくてはなりません。全身の筋肉がぎゅっと固くなるのは体を動かす準備であり、体のこわばりに伴って心まで固くなるのが緊張の正体です。ほとんど自動的な反応なので、自分の意志で止めるとなると至難の業でしょう。それどころか、**「緊張してはダメ」などと力を入れていたら、よけいに心は固くなってしまいます。緊張を否定せず、認めてしまうと気持ちは軽くなるもの**です。私自身、講演で人前に立つと緊張することはありますが、そんなときは「正直ちょっと緊張していますね」と公言するようにしています。すると不思議なもので、固まった気持ちが柔らかくなるのです。緊張してしまったことを否定する必要はありません。「緊張しなくても大丈夫」「リラックスして構わない」のような「許可の言葉」に変えてみてください。「そのままでいいんだ」ということがわかれば、身も心も自然と力が抜けるものです。

## 6

# すぐにイライラしてしまう

×心が重くなるひとりごと

**イライラしては いけない**

○すっと軽くなるひとりごと

**だからイライラ したのか**

想定外に際しイライラするのは
むしろ健全な反応

思いがけない出来事に直面することはよくあります。「保存していたデータが見つからない」「重要なメールの返信が来ない」「大雨で電車が止まってしまった……」。想定外の困った状況になれば、誰だってイライラするもの。そんなとき、「イライラしてはダメ」と自分の感情を否定していませんか？　「私は間違っている」という思いが強まるため、焦りや不安が増してかえって心の負担が大きくなってしまいます。

穏やかな気持ちで過ごせるのに越したことはありませんが、イライラという感情は決して意味なく湧いてくるわけではありません。**イライラとは「想定外の事態に対処しなさい」という警告信号。**たとえば、大事な打ち合わせに向かう電車が止まってしまったとします。「一体、いつ動くのか……？」と、だんだんイライラしてくるでしょう。でも、イライラ感情に急かされるからこそ、先方に連絡を入れたり、他の交通手段を調べたりといった対処行動を取るわけです。イライラ感情がなければ、「どうにかしよう」と思うことはありませんし、それでは周りの方をイライラさせることになります。

**想定外の状況に際し、イライラするのはむしろ健全な反応**です。イライラした自分を責めたりせず、「○○だからイライラしたのか」と状況とイライラの関係を考えてみてください。適切な対処行動を取っていれば、イライラが続くことはありませんし、少なくとも焦りや不安は抑えられるため、心の負担はずいぶんましになるはずです。

7

## イライラすることが多い

×心が重くなるひとりごと

**なぜ思い通りにならないのか？**

○すっと軽くなるひとりごと

**自分の想定の幅が狭いからか**

「想定のストライクゾーン」を広げればイライラは減る

**イライラとは「想定外の事態に対処しなさい」という警告信号。**普通に仕事をしていれば、想定外がない日の方が珍しいでしょう。多少イライラがあるのは健全と言えるかもしれません。とはいえ、予期せぬ事態が起きる度に感情に振り回されていたら、確実に疲れます。イライラによって疲弊しないためにはどう考えるべきなのか？

「想定のストライクゾーン」があるとイメージしてみてください。たとえば、急いでいるときに電車が遅れてイライラするのは、「電車は時間通りに来るのが当たり前」という想定があるから。**「想定のストライクゾーン」を外れる物事が飛んできたからこそイライラが湧いてくる**のです。物事の方は変えられなくても「物事に対する想定」であれば自分次第。想定が狭ければ狭いほど、必然的にそれを外れる事態も起きやすくなります。逆を言えば、「電車は遅れることもある」「いつ止まってもおかしくない」と**想定の幅を広げておけば、いざそれが起きたときのイライラを最小限に抑えられます。**

一番やってはいけないのは、物事の方を変えようとすること。「なぜ時間通りに来ないんだ！」と起きた物事にイライラをぶつけても事態が変わることはありません。それではよけいにイライラすることになります。そんなときは「自分の想定の幅が狭かったからか」と切り替えてください。イライラの原因が物事ではなく自分の思いにあること、自分の意志で変えられることがわかれば、それ以上、気が重くならずに済みます。

8

## せっかくの休日なのに憂うつ

×心が重くなるひとりごと

**気分よく過ごしたかったのに**

○すっと軽くなるひとりごと

**今日はそういう日なんだな**

気分は天気と同じ、
自分で好きに決めることはできない

1週間頑張ってやっとの休日。「できれば気分よく過ごしたい」と思うのは当然でしょう。でも、なぜかウツウツとしていたり、いまいちやる気が起きなかったり、思ったように気分が乗らないこともあるものです。「今日は気分よく過ごすって決めたのに……」と嘆いたところで元気が湧いてくるわけでもないでしょう。むしろ、せっかくの休日を台無しにした感じがして、かえって気分が落ち込んでしまうかもしれません。

**気分や感情というのは確かに「自分のもの」ではありますが、だからといって自由にコントロールできるものではありません。**天気などと同じと考えてください。「晴れてほしい」と望むのは自由ですが、実際、その通りになるかどうかを決める権利はないのです。もちろん、天気と違って気分なら多少気をつけることはできます。とはいえ、憂うつなときに自分を叱咤したり、やる気が出ないのに頑張ろうとしたり、**あまり気分や感情に固執していると、より深く気持ちが沈んでいってしまうはず**です。

雨なら雨の日の楽しみ方があるように、憂うつな日にもそれなりの過ごし方があります。「気分よく過ごしたかった」と嘆くのではなく「今日はそういう日なんだな」と気分の方に合わせてみてください。少なくとも、**憂うつになっている自分を否定しないことは大切。**感じたままを認めてあげれば、それ以上、気分が重くなることもありません。時間が経って気がつけば、自然と気持ちも回復していることでしょう。

9

# 完璧主義との付き合い方

×心が重くなるひとりごと

**もっと完璧を目指さないと**

○すっと軽くなるひとりごと

**何のための完璧なのか？**

完璧を目指すのは
手段であって目的ではない

完璧を目指して努力すること自体は、決して悪いことではありません。最初から失敗するつもりで適当にやるより、よっぽどいいことです。とはいえ、**いつも完璧を目指していたら疲弊するのも当たり前。**細部にこだわりすぎたり、無限に修正を繰り返したり、手を抜けなくなってしまうため、だんだん気が重くなってくるでしょう。

本来、**完璧な仕事というのは手段であって目的ではないはず**です。たとえば、「プレゼンを成功させる」という目的があるとしましょう。その場合、「完璧な資料をつくる」というのは、そのための手段であって通過点に過ぎません。でも、人には目的を忘れて手段に埋没してしまうクセがあります。私自身、資料を作る際にフォントの大きさや文字の配置といった細部にこだわって時間を費やすことがありますが、見る側からするとそんなことは大した問題ではないのです。何のためか？　目的を忘れると自己満足的な仕事になりかねません。「お客様が見やすいように」、ひいては「プレゼンを成功させるために」といった**本来の目的を思い出せば、完璧さにこだわることもなくなります。**

もちろん、時には小さな部分に気を配ることも大切ですが、それが本当に必要な作業かどうかは冷静に考えなければなりません。「完璧を目指さなければ」と思ったときは、「何のための完璧なのか？」と自問自答してみてください。手段であるはずの完璧さが目的になっていることに気がつけば、自然と心身ともに緩まっていくはずです。

10

# ねばならぬ思考

✕心が重くなるひとりごと

**絶対、そうでなくてはならない**

○すっと軽くなるひとりごと

**そうであるに越したことはない**

他人次第のことに
絶対的な価値を置くと力みが生じる

「契約を決めなければならない」「嫌われないようにしなければ」。いわゆる「ねばならぬ思考」というのは認知の歪みの代表例。**その方が好ましいのは確かだとしても、「そうでなくてはならない」というのは言いすぎ**でしょう。そもそも契約してもらえるか、人からどう思われるか、どちらも自分では決められません。他人次第で決まることに「こうあらねば」と力んでいるのです。疲れない方がむしろ変でしょう。

もちろん、目標を達成できるように、嫌われないように努めることはできます。でも、頑張って営業をしても結果が伴わないことはありますし、人間関係でも皆から好かれるのは現実的に難しいでしょう。要するに、「結果に対する思い」が強すぎるのです。目標達成も、人から好かれることも、あくまでも「その方が好ましい」程度のもの。**相対的な価値に過ぎないものに「そうでなくては」と絶対的な価値を置けば心は疲弊します。**「そうであるに越したことはない」と本来的な言葉に言いかえてください。

**「絶対○○でなければ」という言葉は時に力を与えてくれますが、それが叶わなかった場合の精神的ダメージは甚大**です。うまくいかないことを恐れていれば、心が重くなるのもムリはありません。自分で決められないことに絶対的な価値を置くのはリスクが高すぎます。「そうであるに越したことはない」と心の逃げ道を確保しておきましょう。そうやって自然な考え方ができれば、精神的な力みも取れるはずです。

11

# 仕事がうまくいかずに自己嫌悪

×心が重くなるひとりごと

仕事ができない
私はダメだ

○すっと軽くなるひとりごと

仕事は人生の
すべてじゃない

仕事の成否だけで「あなた」の評価が
決まるわけではない

頑張っているつもりなのに仕事がうまくいかない……。仕事の結果というのは、あなたの努力だけで決まるものではありません。うまくいくかどうかは、ある程度は偶然の要素に左右されます。決してあなただけのせいではないのですが、そうわかっていても、つい「自分はダメだな」と自己嫌悪に陥ってしまうことはあるものです。

人間、悩んでいるときほど物事の視野は狭くなります。「仕事以外の要素」が見えなくなってしまっているのかもしれません。仮にもし仕事ができなくても、「だから自分はダメだ」というのは言いすぎです。そうやって自分を責めていると自信はなくなっていきますし、自分を信じられなければ、よけいにうまくいかなくなるでしょう。

「人生という大きな丸」と「仕事という小さな丸」、2つの丸をイメージしてください。「人生の丸」の中に「仕事の丸」が含まれている状態。それが本来あるべき関係性です。忘れがちなことですが、仕事は人生の一部であって全部ではありません。見えなくなっているだけで「仕事以外の自分」も存在することを思い出してください。

仕事という小さな丸の成否だけで、あなたの評価が決まるわけではないのです。言葉は悪いですが、たかが仕事。人生には他にも大事な「丸」が多くあります。仕事のことで「ダメだな」と感じても「仕事は人生のすべてじゃない」と視野を広げてみてください。深刻になる必要はないことがわかれば、心の重みも取れるはずです。

# 12

## 自分を好きになれない

×心が重くなるひとりごと

**こんな自分はやっぱりダメだ**

○すっと軽くなるひとりごと

**自己否定に気づけたからよし**

自分を否定していることに
気づけた自分を肯定する

自己啓発の本などによく「自分を好きになるように」と書いてあります。確かに、自分を好きになれたら悩みも減って楽に過ごせるでしょう。でも、どうしてもそう思えないときはあります。ある女性がこう言っていました。「自分のことが嫌いな私ってダメですよね」。**自分を肯定できないのは仕方ないとして、そんな自分をさらに否定している**のです。そんな風に考えていたらますます自分のことが嫌いになってしまいます。

実際、自分を好きになるのは簡単なことではありません。誰しも弱い部分、ダメな部分を持っているもの。自分のダメさを外に見せる人はいませんが、一方で、自分の中に弱さがあることは皆どこかで知っています。だから、まるで自分1人がダメ人間かのように錯覚してしまうのでしょう。でも、安心してください。弱い部分があるのは皆同じです。大切なのは、その弱さを認められているかどうか。**どうしても自分を好きになれないなら、それで構いません。自己否定していることに気づけた自分を評価してあげてください。**

もちろん、自分を好きでいられるのに越したことはありませんが、「そう思えない自分はダメ」とバツを付けてしまっては本末転倒。自分の弱さやダメさが目立って見えるのは、それらを克服したいと願っている証拠です。勇気を出して向き合おうとしている自分を悪く言う理由はありません。どうか「自己否定に気づけた自分」を肯定してみてください。そうすれば、それ以上、自分のことを嫌いにならなくて済みます。

# 13

## 将来が不安でたまらない

✕心が重くなるひとりごと

ああなったら？
こうなったら？

○すっと軽くなるひとりごと

大げさに不安を
感じているだけか

そこまでひどいことが
起きる可能性は高くない

漠然と大きな不安に襲われることはありませんか？　会社の未来が心配になったり、自分の将来が不安になったり、「こんなことが起きたらどうしよう……？」と想像力を働かせて、やたらと不穏な未来を描いてしまう。「ああなったら？　こうなったら？」と暗い可能性を考えていれば、気分が重くなるのもムリはありません。

**不安とは、リスクを回避させるための警告信号なのですが、時に「危険度を大きめに知らせてくること」があります。** 台風のニュースで例えるとわかりやすいでしょう。「非常に大きな台風です」と強めに警戒を促されていたのに、いざ来てみれば、「全然大したことなかったね」とほっとしたことはありませんか？　あえて大きめに警告するのは、その逆、小さめに警告して実際は大きかった場合に大変な被害が出るからです。大げさな警告によって十分な備えを促すのは、不安という警告の場合も同じ。あくまでも最悪の可能性を想定しているだけなのです。**いかに不穏な未来が見えたとしても、実際、そこまでひどいことが起きる可能性は高くない、ということを思い出してください。**

とはいえ、未来がどうなるかは誰にもわかりません。台風に備えて雨戸を閉めたり、備蓄を確認したりするように、備えをしておいて損はないでしょう。そのためにも不安を鵜呑みにしないで「大げさに感じているだけか」と冷静に捉えてください。自分にできることに打ち込んでいれば、落ち着いた気分で過ごせるはずです。

## 14

# 感情との付き合い方

×心が重くなるひとりごと

どうしたら感情が
消えるか？

○すっと軽くなるひとりごと

何のために
そう感じたのか？

感情とうまく付き合うために
感情の意味を理解する

仕事をしていれば、イヤな気分になることはあります。思い通りに進まずイライラしたり、面倒くさくなって憂うつになったり、未来に対する不安が湧いてきたり……。どれも気持ちのいい感情ではありません。でも、だからといって自分の意志で操作できるかというと、それも難しいでしょう。「どうしたらネガティブ感情が消えるか？」と考えていたら、それができない自分を否定して、より気持ちが重くなってしまいます。

感情を飼い犬に例えてみましょう。飼い犬が暴れないように管理するのは飼い主の責任。とはいえ、犬にだって「こうしたい」という思いはあります。飼い主の意志とは違う方向に向かうこともあるでしょう。その際、リードを引っ張って無理やり従わせることもできますが、ちょっと促せば言うことを聞くように前もって躾《しつけ》をしておく方が理想的です。感情の場合も同じ。**強引に引っ張ると抵抗が強まりますが、日頃から「主従関係」を訓練しておけば、こちらの意志にさっと従うようになります。**

そのために大事なのが、感情の機能をよく理解すること。犬を躾ける上で、その生態を理解するのが大事なように、**感情とうまく付き合うには、その意味を知らなくてはなりません。**「何のためにそう感じたのか？」と、感情が湧いた目的を考えてみてください。ネガティブ感情は、基本的に「警告信号」の意味を持っています。「どんな行動を促されているのか？」がわかれば、重かった気持ちも自然と晴れていくはずです。

# にも負けない

part 6

# 逆境や困難

逆境や困難に遭遇したときのことを思い出してください。「どうやっても乗り越えられそうにない……」という感覚がありませんでしたか？「諦めてはいけない」と理屈ではわかっていても感情が付いてこない……。そうやって心が折れそうになる状況を逆境、困難と呼ぶのです。心がひるんでしまったことを責める必要はありません。

イギリスのことわざに「必要は発明の母」というものがあります。不便を感じる状況、必要があって初めて、それを解決するための発明が生まれるという意味です。蓄音機や白熱電球を発明したトーマス・エジソンも好んでこの言葉を使ったと言います。確かに、よほど必要に迫られなければ、それをどうにかしようとは考えないもの。

要は、逆境や困難とは「それらを克服する力」の母ということです。たとえば、無茶な納期に応える必要があるときは、仕事を効率的に進めたり作業をスピードアップさせたり、そのための方法を思いつきます。逆を言うと、その必要性がなければ能力は向上しないということ。力を伸ばすには、多少窮地に追い込まれる必要があるのです。

もちろん、わざわざ大変な状況を招き入れる必要はありませんが、もし遭遇してしまったら「成長するチャンス」と割り切るのがベスト。後ろ向きに逃げ回るより、正面から対峙した方が気は楽になります。それを乗り越えた後、自分がどうなっているかを考えることです。今回は、心が折れかけたときの言いかえパターンを見ていきます。

1

## あまりに難しすぎる仕事

×心が重くなるひとりごと

面倒だな、やりたくない

○すっと軽くなるひとりごと

いいね、やりがいがある

簡単な仕事は確かに「楽」だが
精神的に楽しくない

厳しい案件や複雑なプロジェクトなど、難しい仕事が降ってきたらどう感じますか？「なるべく受けたくない」と思うのが普通でしょう。苦労を避けて楽をしたいのが人の常。「面倒くさい」とため息をつきたくなるかもしれません。でも、そんな**後ろ向きな気持ちで取り組んでいたら、難しい仕事がさらに難しくなってしまいます。**

目標に向けて仲間と協力し、達成すると報酬がもらえる。仕事というのは、どこかゲームと似たところがあるものです。制限時間ぎりぎりでどうにか厳しい局面を切り抜けたり、レアアイテムを狙って高難度のクエストに挑戦したり、難しければ難しいほど、クリアしたときの達成感は大きくなります。仕事というゲームの場合も同じ。**誰でもすんなり達成できるような仕事は「身体的に楽」かもしれませんが、「精神的に楽しくない」はず**です。簡単にこなせる分、どうしても物足りなさを感じてしまうでしょう。

人には、楽を求めながら同時にやりがいを求める変なところがあります。でも、やりがいのあることはたいてい楽ではありませんし、楽なことをやってもやりがいは得られません。豆腐を噛んでも歯応えがないのと同じように、やり応えがないのです。もちろん、わざわざ難しい仕事に飛び込む必要はありませんが、それが降ってきた場合は、楽しむチャンスだと思ってこう言いかえてください。「いいね、やりがいがある」。**ゲームのように楽しむつもりで挑戦すれば、面倒な気分もどこかへ消えていく**でしょう。

## 2

# なかなか結果が出ない

×心が重くなるひとりごと

**何をしてもどうせ報われない**

○すっと軽くなるひとりごと

**結果に向けた努力を続けよう**

結果は決められなくても
結果に向けた努力は自分次第

「何度も提案書を出したのに企画が通らない」「何をやってもチームをうまくまとめられない」。一所懸命に頑張って取り組んだ分、よい結果を期待するのは当然。とはいえ実際、努力が結果に繋がらないことは少なくありません。何度も期待を裏切られていれば、挑戦するのが怖くなってしまいます。「どうせ報われないし……」と諦めたくなるのもわかりますが、そうやって**腐っていたらずっと気分は重いまま**でしょう。

「結果」という字をよく見てください。「果実を結ぶ」と書きます。たとえば、りんごが実を結ぶかどうかは人には決められません。どんなにきちんと世話をしても、雨が多すぎたり、気温が高すぎたり、ちょっとした自然の気まぐれによって「結果」は大きく変わります。仕事の場合も同じ。結果そのものをコントロールすることはできません。人の意志でコントロールできる範囲の外にある「偶然の要素」によって実を結ばないことは、残念ながらよくあります。私たちにどうこうできるのは結果に向けて努力するところまで。そこから先、**実がなるかどうかは切り離して考えるべき**なのです。

「どうせ報われない」と世話をしなくなれば、りんごが実を結ぶ可能性はゼロになります。**思った通りに結果が出るかは決められませんが、結果に向けて努力をするかどうかは私たち次第**です。自分にできることを淡々と続けていれば、必然的に結果が出る可能性は上がりますし、少なくともその方が落ち着いた気持ちで過ごせます。

## 3

# 越えられそうにない壁

×心が重くなるひとりごと

こんなの
できるわけない

○すっと軽くなるひとりごと

大丈夫、
できるようになる

人は難しいことに挑戦している
最中にこそ成長する

難しい仕事を前にして弱気になることはありませんか？「今の自分には無理だろう」「こんなの達成できないでしょ」。失敗が目に見えていることに挑戦するのは誰しも怖いものです。とはいえ、「絶対できるはずない」とその場に留まっているのも楽ではありません。

**できない理由を探していれば、気が重くなるのは当たり前**でしょう。

古代ローマの哲学者、セネカはこう言っています。「難しいからやろうとしないのではなく、やろうとしないから難しくなるのだ」。たとえば、目の前にある高い壁を越えるのに必要な力が「10」だとしましょう。ところが、今あなたが持っている力が「8」しかない場合、どう思うでしょうか？　たいていは「力が足りないから挑戦してもムダだ」と諦めてしまいますが、**今手が届かない、イコールそれができないわけではありません。**なぜなら人は、できないことに挑戦している最中に成長するから。「どうにか越えるには？」と**必死であがいたり、試行錯誤したりするからこそ力がつく**のです。

「できそうにないから」と挑戦しなければ、永遠にそれは難しいまま。どんな力でもそうですが、人の能力とは固定されたものではありません。それが必要な場面に置かれると、人は自然と成長するのです。「こんなのできるわけない」と弱気になる気持ちが湧いてきたら、「大丈夫、できるようになる」と言いかえてみてください。**挑戦によって起こる成長を疑わないように。**そうすれば、高い壁に心が折れてしまうこともなくなります。

# 4

## どう考えても理不尽！

×心が重くなるひとりごと

こんなの
絶対おかしい！

○すっと軽くなるひとりごと

世の中
こんなもんだよね

会社組織で「理不尽ゼロ」を
期待するのは非現実的

ある男性会社員がこう訴えていました。「もう何年も、誰でもできる仕事をやらされて自分の能力を活かせていません。ずっと会社から理不尽な扱いを受けています……」。世の中、「どう考えても理不尽」と感じる出来事もあるものです。「こんなのおかしい」「絶対間違っている」と叫びたい気持ちはお察しします。でも、いくら批判しても理不尽が解消されるわけではありませんし、心の中に不満を溜め込んでいれば、周囲との関係もぎくしゃくして、よけいに苦しい気持ちになってしまうかもしれません。

残念ながら、**理不尽というのは世の常**です。会社や組織、社会とは1人のためのものではありません。さまざまな価値観を持った多数が集まる場所であり、そこでは基本、「最大多数の最大幸福」が重視されます。特異な能力を持った人が蔑ろにされやすいのは確かですし、ある人にとっての満足が他の誰かの不満に繋がることもありえます。いずれにせよ、**会社組織で「理不尽ゼロ」を期待するのは現実的ではありません。大なり小なり、遅かれ早かれ、理不尽に遭遇するのは皆同じです。違いが出るとしたら、理不尽の中でどう振る舞うか？**「こんなの間違っている！」とふてくされて過ごすこともできますが、「世の中こんなものだ」と前向きに割り切って過ごすこともできます。自分にできることを愚直に続けていれば、道が拓ける可能性も出てくるでしょう。少なくとも、目の前の仕事に集中している間は心穏やかに過ごせるはずです。

# 5

## 納得しかねる物事が起きた

×心が重くなるひとりごと

**なんで○○なのか？**

○すっと軽くなるひとりごと

**あ、そうなんだね**

物事を変えるよりも
「物事の認識」を変える方が楽

何か納得しかねることが起きた際、心の中で「なぜ○○なの？」とつぶやいたことはありませんか？　この場合の「なぜ」は質問というよりも「感嘆」の意味でしょう。「どうして結果が出ないの？（絶対うまくいくはずなのに）」「なんでスルーなの？（何かリアクションするべきでしょ）」「なぜあなたが遅れてくるの？（一番に来るべきなのに）」。要するに、**「想定と現実のギャップ」に驚き、かつ嘆いている**わけです。

「○○であるはず」「○○であるべき」。こういった想定とは、現実に対する地図のようなもの。たとえば、地図を見ながら歩いていると、そこにあるはずの橋が存在しない……。その場合、「え、なんで？（橋があるはずなのに）」と驚くはずです。でも、そのまま嘆き続けても橋が架かるわけではありません。地図と現地が異なるとき、人は迷いなく地図を修正します。ところが、想定と現実が異なる場合、人はなぜか「こうあるべきでしょ？」と現実の方を正そうとするのです。もちろん、**いくら感嘆しても現実が覆るわけではありません**し、**起きたことに抗っていたら気が重くなるのは当然**でしょう。

現地を変えるより地図を直した方が早いのと同じで、**物事をどうにかするのではなく、「物事についての認識」を正した方がはるかに楽**なのです。いかに地図とかけ離れた物事に遭遇しても驚かないように。「あ、そうなんだね」と物事の方に認識を合わせてください。現実を受け入れるのが早くなれば、嘆きの時間も格段に短くなります。

6

## さすがにキャパオーバー

×心が重くなるひとりごと

これ以上は絶対に無理！

○すっと軽くなるひとりごと

ここからの追い込みが効く

「もう限界」と思ってからの
追い込みが一番効く

ノルマや締め切りに追われてぎりぎりで踏ん張っている……。そんなとき、新たな業務が追加されたらどう感じるでしょうか？「これ以上は絶対無理」と心が折れてしまうかもしれません。とはいえ、どうしても断ることができない状況もあるものです。だからこそあえて厳しいことを言います。**あともう少しだけ頑張ってみませんか？**

筋トレ、ベンチプレスでバーベルを挙げるところを想像してください。8、9、10回と震えながらなんとか限界までやり切った……。と思ったら、トレーナーから「はい、あと1回」と爽やかに追い込まれるとこう思うはずです。「いや、これ以上は絶対無理」。ところが、やってみると案外できてしまい、「もう1回いけますね」などと言われて、さらに絶望したことがあるかもしれません。いずれにせよ、そうまで執拗に追い詰めるのはなぜなのか？**「もう限界」と思ってからの1回が一番筋肉に効くから**です。

能力やスキルの成長も同じこと。大きく伸びるのは、たいていキャパオーバーを一歩越えたときです。限界を感じても「ここからの追い込みが効く」と、あえてもう一歩踏み込んでみてください。どうせ逃げられない仕事なら、仕方なくやるよりも自分の意志でやった方が気は楽になります。気持ちが前を向けば、残った力を振り絞ることもできるでしょう。とはいえ、本当に限界を越えてしまうと、筋トレでも仕事でもケガをしかねません。「本気でダメなやつだ」と思ったら、はっきり断ることも大切です。

## 7

# もう取り返しがつかない事態

×心が重くなるひとりごと

終わった、
もう詰んだ

○すっと軽くなるひとりごと

大丈夫、
なんとかなる

真に詰むのは
「終わった」と早合点し諦めた瞬間

何か失敗をしてしまったとき、「これは詰んだな」と思ったことはありませんか？ それが取り返しのつかないものである場合、自暴自棄になって何もかも諦めたくなるかもしれません。ちなみに私は、車で訪問する営業職をやっているときに免許を取り消されたことがあります。その通知を受け取った瞬間、思いました。「あ、詰んだな」。

「詰む」とは本来、将棋で「負けが決まった状態」を指す言葉。将棋の場合、どうしても取れる手に限りがあるため、確かに「何をやっても負け」が確定することはあるでしょう。でも、人生や仕事の盤面はとにかく柔軟にできています。ピンチに陥らなければ出会えない重要人物がいたり、追い詰められたからこそ獲得できる能力があったりと、むしろ**「終わった」と思ってからが本当の勝負**なのです。**真に「負けが確定」することがあるとしたら、それは「詰んだ」と早合点し、勝負を諦めた瞬間**でしょう。

免許取り消し以外にも、上司をぶん殴ったり、事業で大きな失敗をしたり、病気で目の障害を負ったり……。私自身、幾度となく「詰み」を経験してきましたが、どれ1つとして「負けの確定」ではありませんでした。それどころか、いずれも次への道を拓く機会になったように思います。「詰んだな」という自分の言葉に騙されてはいけません。「大丈夫、なんとかなる」と言いかえて、そうならなければ取れなかった手を探してください。**まだ終わっていないことがわかれば、切り抜ける方法が見えてくるはず**です。

8

# 本気でこの職場がイヤ

×心が重くなるひとりごと

もうイヤ、仕事に行きたくない

○すっと軽くなるひとりごと

そんなにイヤなら辞めればいい

「イヤな思いをしてまで続けるべき理由」を思い出す

仕事や職場、上司に対する不満で頭がいっぱいになることはありませんか？ 理不尽な要求に応えるのが当たり前になっていたり、頑張ってそれに応えても大して評価されなかったり、そういった現場の苦労を上が理解してくれなかったり……。そんな環境で働いていたらしんどくなるのは当たり前です。とはいえ、**「イヤだ、行きたくない」と渋々出社していたら、ただでさえ重い気持ちがますます重くなってしまう**でしょう。

そんなときはこう自問してみてください。「そんなにイヤなら辞めればよくない？」。そう言われると、不思議と「いや、そういうわけには……」と食い下がりたくなるもの。問いによって「イヤな思いをしてまで続けるべき理由」を思い出したからでしょう。人には、目的を忘れて手段に埋没してしまうクセがあります。「イヤだ」と思っている仕事も、何かのための手段に過ぎないはず。家族を守るため、ペットを養うため、夢に向けた勉強のため……。**そもそもの目的を思い出せば、もう一歩踏ん張りがきくようになります。**

人は誰しも、つらいことを乗り越える強さを持っています。でもそれは、その時間に意味があると知っているからこそのもの。「何のためか？」を忘れてしまっては、逆境や困難に耐えることはできません。あえて眼前に辞める選択肢を持ってくることで、忘れていた目的を炙り出すのです。大切な何かのために自分で選んだ道であることを思い出してください。そうすれば、たいていのことには心が折れなくなります。

9

## 何かと苦労が絶えない

×心が重くなるひとりごと

**いつも自分ばかり苦労する**

○すっと軽くなるひとりごと

**この経験から何を学べるか？**

苦労を求める必要はないが
ムダにしないことは大事

よく「苦労は買ってでもしろ」と言いますが、実際、自分から苦労を求める必要はありません。なぜなら、普通に生きていても苦労することはあるからです。時には、困難が重なって起きることもあるでしょう。「なぜ自分ばかり……？」と嘆きたくなるのもわかりますが、**泣き言を言っていたらよけいに気分がふさぎ込んでしまいます。**

人は、外部からの負荷によって強くなる性質、「反脆弱性」を持っています。筋肉の場合で考えるとわかりやすいでしょう。筋トレによって負荷を与えると筋肉の繊維は傷つきます。それが回復する際、「次は負荷に耐えられるように」と少し多めに筋肉が回復する。これが反脆弱性です。他にも弱めたウイルスをあえて取り入れることで免疫を獲得する、ワクチンの仕組みも反脆弱性の例の1つでしょう。では、**「苦労」という負荷を与えられた人はどうなるのか？ 端的に言えば、精神的に図太くなります。**

もちろん、ただ苦労をすればいいというわけではありません。筋肉や免疫系がそうであるように、「負荷に屈しない」という姿勢があって初めて強さが引き出されるのです。わざわざ苦労を求める必要はありませんが、降ってきてしまったものは仕方ありません。**大切なのはせっかくの苦労をムダにしないこと。**ひと通り嘆いた後で大丈夫です。「この経験から何を学べるか？」と頭を切り替えてください。苦労という負荷によって心の耐性が身につけば、同じようなことがあっても精神的に疲れなくなります。

10

# 絶望感で頭がいっぱい

×心が重くなるひとりごと

**ダメだ、もう希望がない**

○すっと軽くなるひとりごと

**希望は絶対に見つかる**

見えないからといって
希望がないと早合点しない

仕事に行き詰まりを感じたことはありませんか？　ある男性がこう言っていました。「けっこう大きなミスをしてしまい……、もう会社にはいられないので辞めようと思っています」。客観的に見れば、十分挽回の余地があることでも「ダメだ」と絶望してしまうことはあるものです。**つらい状況に陥ると「これが永遠に続くのでは？」という不安に襲われます。お先真っ暗、希望がないような気がするのもムリはない**でしょう。

見通しの悪い山道をイメージしてみてください。道の先がどうなっているか、こちらからは見えません。それでも前に進めるのは「どこかへ通じている」という展望があるから。「行き止まりかもしれない」と思えば、足を止めたくなるのは当然です。展望がないのに道を歩み続けることができないように、希望がないまま何かを続けることは確かにできません。逆を言うと、続けようとする限り、人はどこからか希望を見つけようとしますし、探していれば、どんなささいなことからでも望みを見つけてしまうものです。

**大切なのは「もうダメ」と早合点し、諦めてしまわないこと。**今見えないからといって、希望がないわけではありません。実際の道と違って間違えたからこそ拓ける道があるなど、人生や仕事の道は柔軟にできています。歩みを止めなければ、いずれ展望が開けてくるものです。諦めたくなっても「希望は絶対に見つかる」と道に戻ってきてください。大丈夫です。前を向いて探していれば、必ず見通しはつくようになります。

# 11

## ただ待つしかできない

×心が重くなるひとりごと

**どうなってしまうのか？**

○すっと軽くなるひとりごと

**なるようにしかならない**

できることをやり切った後は
成り行きに身を委ねる

大きな困難に見舞われて途方に暮れたことはありませんか？ ある建設関連の男性会社員がこう話をしてくれました。「現場で起きた事故の責任を問われていて、今その処分待ちです。これからどうなるのか？ 毎日不安でたまりません」。自分にはどうすることもできない状況というのは必ずあります。困難を前に、ただ打ちひしがれて過ごすのは何ともつらいもの。どう考えれば少しでも心を軽くすることができるのか？

そういうときは、**「なるようになる」「なるようにしかならない」とつぶやいてください。**「物事は成り行きに身を委ねるしかない場合もあるため、あれこれ心配しても仕方ない」という意味のことわざですが、実は、これと似た言い回しは世界中に存在します。スペイン語の「ケ・セラ・セラ」、英語の「What will be, will be」がそれに当たるでしょう。人の力でできることには限りがあります。**前向きに手放して結果に身を委ねるしかないというのは、洋の東西を問わず、人にとっての普遍的な考え**ということです。

「人事を尽くして天命を待つ」も同じ意味合いですが、**大切なのは人事、つまり人にできることはやった上で待つという点。**ただ諦めて何もしないという意味ではありません。できることをやり切ったのであれば、「どうなってしまうのか？」などと案じたりせず、「なるようにしかならない」と切り替えてください。どんな気分で過ごしても結果が変わらないことなら、なるべく穏やかに過ごせるよう割り切ることです。

12

## 逆風にさらされている

×心が重くなるひとりごと

**何をやってもうまくいかない**

○すっと軽くなるひとりごと

**どう「受け止め方」を変えるか？**

風向きは変えられなくても
「帆の向き」なら自分次第

人生も仕事も、追い風を受けてうまくいっているうちは楽しいもの。ですが、いつでも常に順風満帆というわけにはいかないでしょう。時には、強烈な逆風にさらされて身動きが取れなくなることがあるかもしれません。「何をやってもうまくいかない……」。そんな気分のときにこそ、ぜひ思い出してもらいたい言葉があります。

ウィルコックスという詩人の言葉です。「同じ風を受けて、ある船は東へ、ある船は西へ行く。進路を決めているのは風ではなく、帆の向きである。同じように人生の航海において行き先を決めるのは、凪でもなければ嵐でもない。心の持ち方である」。

実際の航海で風が大事なのはもちろんですが、もっと大事なのは、その風をどう受け止めるか？ 帆の向きが変われば、船の進路はまるで変わります。人生の航海でも順風、逆風、さまざまな風が吹きますし、時には無風ということもあるでしょう。でも、決して風だけで行き先が決まるわけではありません。たとえ嵐のように激しい物事の中にあっても帆の向き、つまり「受け止め方」によっては前に進むこともできるのです。

逆風にさらされると、たいていの人は風向きを嘆き、帆の向きを工夫することを忘れてしまいます。どんなに嘆いても風向きは変えられませんが、それをどう受け止めるか？ 心の持ち方はあなた次第。困難に見舞われたときほど、腕の見せ所だと思ってください。逆風でも前に進めることを思い出せば、沈んだ気持ちも前を向くはずです。

# おわりに

「はじめに」で触れた哲学の本、エピクテトスの『提要』にはこうもありました。「人を煩わせるのは物事そのものではなく、その物事についての考えである」。

不安やイライラ、怒りのような心の煩わしさを感じたとき、その原因とはいったい何なのか？　そう問われると、「きっかけとなった他人や物事のせいでは？」と考えるのが普通でしょう。でも、そうではなく、煩わしさの原因は「私たち自身の考え」にあるというのです。直感的に「納得しかねる」という人は多いかもしれません。

すでにお伝えした通り、私は目の障害を持っています。ちゃんと障害者手帳も持っていて、3級の身体障害者です。当初、発行された手帳には「要介護」と書いてあったのですが、それを見た瞬間、頭の中に浮かんだのはこういう言葉でした。「助けてもらわないと生きられないなんて、人としてダメだな……」。

そこに「要介護」と書いてあったのは客観的な事実です。でも、「人としてダメ」というのは実際、どこかに書いてあったわけではありません。それは私の頭にあった言葉。要するに、「頭の中のひとりごと」に過ぎないのです。そのことに気づかず、「ダメだ」と自己否定を繰り返していた時期は、本当に苦しいものでした。

そういった言葉は反射的に浮かんでくるため、意志の力で止めるのは現実的ではありません。大切なのは、「頭の中の言葉」をきちんと疑えるかどうか。

もし私が、そのまま「人としてダメ」という言葉を信じていたら、実際そう振る舞ってしまい、精神的に立ち直るのは難しかったかもしれません。

今では自分の障害を「強めの個性」と考えています。多少個性的でなければ、こうやって本を書いたり、講演に呼んでもらったりすることもなかったでしょう。

視覚障害はもはや私のアイデンティティ。他の人にはない個性として、むしろ誇りに思うことさえあります。そんな風に考えているためか、見えづらさによって物理的に困ることはあるものの、それを気に病んで心理的に悩むことはほぼ皆無です。

結局、過去の私を煩わせていたのは何だったのか？　物事そのもの、つまり視覚障害が原因ではありません。なぜならそこは現在も変わっていないからです。

もし見えづらいことが苦しみの原因だとしたら、私は今も苦しんでいなければ辻褄が合わないでしょう。でも、そうではない。ということは、私を苦しめていたのは視覚障害そのものではなく、「そんな自分はダメだ」という私自身の考えのほう。エピクテトスが言うように、自分の考えによって自分を煩わせていたことになります。

「私たちを煩わせているのは物事ではなく、物事についての私たち自身の考えである」。これは、あくまでも「ものの見方」の1つだと思ってください。

きっかけとなった他人や物事が存在することは事実ですし、それらが原因だと認識して問題解決を図らなくてはならない場面は確かにあります。

とはいえ、他人や物事は思った通りにコントロールできるわけではありませんし、どんなに働きかけても不本意な結果に終わることもあるはずです。それでもなお、煩わしさの原因を外に求めていれば、苦しさは増すばかりでしょう。

そんなときこそ、心が軽くなる「ものの見方」をしてほしいのです。

## おわりに

どうにもならないものをどうにかしようと躍起になっていれば、不安やイライラ、怒りは避けられません。そういった煩わしさの原因が自身の考え、過度な期待や執着にあることを認めた上で、こう言いかえてください。「しょうがない」と。

「しょうがない」とは渋々、諦めるための言葉ではありません。

どうにもならないことをさらりと手放し、自分の力でどうにかできること、つまり「しようがあること」に意識を向けさせる賢者の言葉。「しょうがない」を上手に言えるようになれば、たいていの煩わしさは消えてなくなります。他人や物事に振り回されないためにも、ぜひ「しょうがない」の練習を始めてみてください。

最後になりますが、本書を編集していただいたぱる出版の岩川実加様、出版の機会をくださったネクストサービスの松尾昭仁様、共著者である当協会の川見敦子さん、本書の発刊に携わっていただいたお1人おひとりに、心より感謝をお伝え致します。

日々、仕事を頑張るあなたの心が少しでも軽くなることを願っています。

感情マネージメント協会代表理事　片田智也

## 片田智也（かただ・ともや）

一般社団法人感情マネージメント協会代表理事・公認心理師

20代で独立起業するが、ストレスから緑内障を発症、視覚障害者に。同年、うつ病と診断された姉が自死。姉の死の真相を知るために精神医療や心理療法を探求し、後に心理カウンセラーに転身する。厚生労働省ストレスチェック制度、防衛省メンタルサポートなどメンタルケア関連の公共事業に多数参画。カウンセリング実績は延べ1万5000名以上。企業研修や講演の受講者は累計2万名を超える。精神障害を持つ方のカウンセリングから経営者、アスリートのメンタルトレーニングまで「心の問題解決」に幅広く取り組む。主な著書は『何があっても疲れない心をつくる　職場ですり減らないための34の「やめる」』（ぱる出版）。『「メンタル弱い」が一瞬で変わる本　何をしてもダメだった心が強くなる習慣』（PHP研究所）は4カ国語で翻訳出版されている。

## 川見敦子（かわみ・あつこ）

一般社団法人感情マネージメント協会理事・精神保健福祉士・公認心理師

医療雑誌の編集者を経て外資系広告代理店で勤務する中、海外と比べて日本の会社員は元気がないことに強い違和感を抱く。「もっと楽しく笑顔で働いてほしい」という思いから、産業分野のメンタルヘルス支援の道にキャリアチェンジ。これまでに国立がん研究センターや外務省などで相談業務に従事。カウンセリングだけでなく、人事労務担当者への心の健康作りのコンサルティングも行う。民間企業や自治体、官公庁でのストレスケア、コミュニケーション研修に多数登壇。人を笑顔にするトークには定評があり、年間登壇実績は100回を超える。現在は、感情マネージメント協会の広報担当として、「自分の感情を管理する大切さ」について普及活動を行っている。好きなものは猫とハワイと「萩の月」。

▶ 感情マネージメント協会ウェブサイト　https://kanmane.jp/



**仕事《しごと》で疲《つか》れた心《こころ》がすっと軽《かる》くなる**
**「頭《あたま》の中《なか》のひとりごと」言《い》いかえ図鑑《ずかん》**

2025年2月6日　初版発行
2025年3月19日　2刷発行

著　者　片田智也
　　　　川見敦子
発行者　和田智明
発行所　株式会社 ぱる出版

〒160-0011　東京都新宿区若葉1-9-16
03(3353)2835－代表　03(3353)2826－FAX
本書籍に関するお問い合わせ、ご連絡は下記にて承ります。
https://www.pal-pub.jp/contact
印刷・製本　中央精版印刷(株)





ISBN978-4-8272-1490-1　C0030